100세 시대를
신박하게
살아가는 ———
36가지 방법

100세 시대를
신박하게
살아가는
36가지 방법

100세 쇼크…그 두 번째 이야기

NH투자증권 100세시대연구소 지음

굿인포메이션

늦지 않다

UN은 2015년 18~65세를 '청년', 66~79세를 '중년', 80~99세를 '노년'이라는 새로운 연령기준을 발표했다. 그만큼 기대수명이 길어지고 있다는 의미이다. 실제로 우리사회의 기대수명과 최빈사망연령은 지난 30년간 20년 이상 늘어났으며, 2025년에는 각각 85세와 90세를 넘어설 전망이다. 한국인들의 주 직장 근로기간이 20대 중후반부터 50대 중후반까지가 일반적인 점을 감안하면, 30년 일하고 30여 년의 노후기간을 보내야 한다. 과연 우리는 충분한 은퇴준비를 하고 있는 것일까?

'은퇴'라는 단어에 미국인들은 '자유'(복수응답 55%), '즐거운'(53%), '스트레스 없는'(43%) 등을 먼저 떠올린다. 그들에게 은퇴는 기다리는 대상인 듯하다. 이에 반해 한국의 중산층은 '재정적 불안'(68.9%), '건강쇠퇴'(64.1%), '외로운'(40.3%) 등 부정적 말들을 많이 떠올린다. 또, 은퇴 후 거의 7할이 중산층을 유지할 자신이 없다고 생각한다. 우리 중산층에게 은퇴는 두렵고 피하고 싶은 대상으로 여겨지는 것이다. 그만큼 노후준비가 부담스럽다는 의미이다.

행복한 노후의 기준은 다분히 주관적이지만 건강, 재무, 가족, 일과 여가, 사회적 관계 등 5개 요인의 적정한 균형이 필요하다. 이중 우리 중산층이 노후에 가장 중요한 요인으로 꼽은 것은 '건강'(응답율 약 90%)이었으며, 노후에 가장 큰 걱정거리로 꼽은 것도 '건강'(약 84%)이었다. 두 번째 중요한 것은 '재무'(약 54%)였으며, 두 번째 큰 걱정거리도 '재무'(약 76%)였다. '건강'이 첫 번째로 거론된 것은 당연하지만, 여기에는 '재무'적 준비가 충분하지 못하기 때문에 건강하지 못하면 경제적 어려움이 더욱 가중될 수 있어서 '건강'을 가장 중요시 할 수밖에 없다는 역설도 존재한다.

우리 연구소의 서베이에 따르면, 중산층의 재무적 노후준비수준은 현재 약 69%에 불과하다. 평균 59세에 퇴직해 84세까지 살며, 월 생활비 평균 279만원(부부 기준)을 전제로 한 예상 자산수명은 평균 74세로, 예상 노후기간보다 10여 년이 짧다.

기대수명이 지속적으로 늘어나 현재의 50대부터는 사실상 100세 수명을 맞을 가능성이 높은 점을 감안하면 자산수명은 더더욱 부족해 보인다. 결국 현재 우리사회의 중산층은 평균적으로 노후파산을 맞을 가능성이 있다는 말이 된다.

그러나 이는 더 나은 대응을 하지 않고 있기 때문에 만나게 될 수 있는 결과이다. 이에 우리 연구소는 보다 나은 노후를 준비할 수 있는 방안을 연령대별로 제시하고자 한다.

우선 퇴직시점을 앞둔 50대에게는 오팔(OPAL)전략을 제시한다. 노후자산의 패러다임을 소득 중심으로 바꾸고(Old paradigm must be changed), 연금을 기본으로(Pension is basic), 인컴형 자산을 늘리고(Add up income asset), 부채를 줄여(Let's cut down debt) 지출부담을 줄이자. 또 퇴직 2~3년 전부터는 제2의 인생을 설계하고, 재취업을 위한 준비가 필요하며 자신만의 주특기를 만들도록 하자.

가계경제의 주축인 40대는 4P를 주목해야 한다. 연금(Pension)은 기본이다. 국민연금 외에 퇴직연금과 개인연금은 개인의 의지가 중요하며, 3층 연금만으로도 노후준비는 8~9할이 가능하다. 집(Place)은 주거에 초점을 맞춰가며, 무리한 레버리지는 지양하는 것이 좋다. 사교육(Private education)은 중요하지만, 과도한 교육비 지출 역시 지양하고 사교육비 지출과 노후준비는 같은 수준이어야 함을 명심하자. 자산증식(Property)에도 관심을 둬야 한다. 금융지식 축적과 자신만의 투자원칙을 세우고, 여유자금으로 장기적 관점에서 분산투자하자.

시간부자인 30대는 SMART전략에 주목해야 한다. 월급의 50%는 저축하자(Save). 생활비는 소득의 30~40% 내에서 통제하고, 종잣돈을 집중적으로 모아 이를 중위험 · 중수익(Medium) 상품으로 운영해 보자. 투자는 변동성을 낮추기 위해 분산투자(Asset Allocation)해야 한다. 장기적 관점의 은퇴계획(Retirement Plan)하에 소액이라도 적립해갈 수 있도록 3층 연금을 활용해야 한다. 그리고 금융상품은 세제혜택(Tax-saving)이 있는 상품부터 챙기도록 하자.

은퇴 후에는 현금흐름과 자산인출에 초점을 맞춘 자산관리가 필요하다. 월급과 같은 정기적 현금유입이 중단되기 때문에 자본차익보다 배당이나 이자, 임대료 등 현금흐름을 만들어낼 수 있는 인컴투자에 비중을 두는 것이 바람직하다. 또 자산증식보다 보유자산의 인출에 초점을 더 맞추어야 한다. 인컴자산 등에 분산투자하고 '4% 룰'에 따라 인출해 간다면 보유자산으로 30년 가량의 흐름을 만들어낼 수 있다. 특히, 전공이나 취미를 살린 제2의 직업을 갖을 수 있다면 정기적 현금흐름을 늘리고 보유자산의 인출 속도를 늦출 수 있다. 일은 재무적으로도 유용하지만, 건강과 사회적 관계를 유지하는 데도 효과적이라는 점에 주목하자.

노후준비에 늦은 시점은 없다. 또 늦었다고 포기할 수 있는 것도 아니다. 그야말로 늦었다고 생각할 때가 가장 빠른 시점이며, 지금 시작한다면 노후파산의 우려를 낮추고 보다 안정된 노후를 맞을 수 있을 것이기 때문이다. NH투자증권 100세시대연구소는 대한민국 모든 국민들의 안정된 노후를 위해 함께 하고자 한다. 자, 지금부터 시작하자. 행복한 100세 시대를 맞을 준비를~!

NH투자증권 100세시대연구소장

박 진

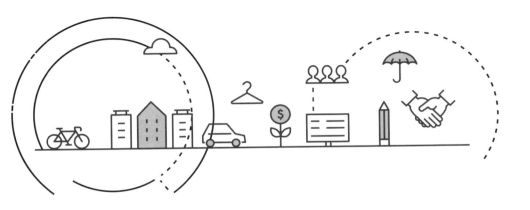

2부 연령대별 노후준비 전략

1부

100세 시대를 살아가는 방법

1장

100세 시대, 은퇴는 없다

20년 더 젊어졌다

마음의 시계를 거꾸로 돌려라

1979년 하버드대 심리학과 엘렌 랭어(Ellen J. Langer) 교수는 70~80대 8명의 노인을 대상으로 '시계 거꾸로 돌리기 실험(Counterclockwise Study)'을 진행해 건강과 노화에 대한 전혀 새로운 시각을 제시했다.

실험에 참가한 노인들은 마치 타임머신을 타고 20년 전으로 돌아간 것처럼 1959년 분위기로 꾸며진 외딴 마을에서 다음 두 가지 규칙에 따라 일주일을 보내게 된다. 첫 번째 규칙은

'현재 1959년에 살고 있는 것처럼 1959년 당시 자신의 모습으로 일주일을 보낼 것'이며, 두 번째 규칙은 '집안일을 직접 할 것'이었다.

노인들은 처음에는 과거로 되돌아가 살아야 하는 것에 어색해 하고, 가족과 간병인 도움 없이 집안일을 직접 해야 하는 것에 난색을 표했지만, 점차 1959년의 일상에 자연스럽게 적응해 갔다. 시계를 거꾸로 돌려 20년 전으로 되돌아간 노인들에게 일주일간 어떤 변화가 나타났을까?

단 일주일 만에 실험에 참가한 8명의 노인들 모두 시력, 청력, 기억력, 지능, 악력 등이 신체나이 50대 수준으로 향상되었다. 어떤 의학적 도움 없이, 마음의 시계를 20년 전으로 되돌린 것만으로 신체나이도 20년 전으로 되돌려진 것이다. 잘 걷지도 못하던 노인들이 서로를 도와 집안일을 하고, 자발적으로 운동을 하기 시작했다. 노인들의 모습을 실험 시작 전과 종료 후에 사진으로 찍어 무작위로 섞어 제3자에게 보여주자 모두 실험 참가 후 사진을 더 젊은 시절에 찍은 사진으로 생각하였다. 이 실험으로 분명해진 것은 어떤 마음가짐을 가지나에 따라 같은 70대라도, 70대 할아버지로 살아갈 수도 50대 아저씨로 살아갈 수도 있다는 점이다. 그렇다면 시선을 우리 자신에게로 한번 돌려보자. 현재 나의 마음의 나이는 몇 살일까?

▶ 당신의 마음 나이는 몇 세인가요?

나이는 단지 살아온 기간을 의미할 뿐 '나이 듦'이 '늙음'을 의미하지는 않는다. 특정한 나이에 신체능력이 얼마만큼 감소한다는 절대적 기준은 의학적으로 없다. 50세가 넘으면 무리한 운동을 하기에는 체력이 떨어지고, 60세가 넘으면 시력, 청력 신체능력이 쇠퇴하고, 70세가 넘으면 기억력이 나빠져 자주 깜박깜박하며, 80세가 되면 너무 쇠약해져 가족이나 보호자의 도움 없이 홀로 지낼 수 없다는 것은 고정관념에 불과하다.

'이 나이에 무슨' '이 나이엔 힘들어'라는 나이에 대한 고정관념은 노화(Aging)에 부정적인 사고를 불러일으킬 뿐만 아니라 신체적 능력에 한계를 만들어낸다.

베카 R. 레비(Becca R. Levy) 미국 예일대학 교수의 연구에 따르면 나이 듦에 대한 긍정적 태도가 건강증진, 수명연장, 삶의 질 향상, 행복한 삶, 현명한 삶에 효과가 있는 반면, 나이에 대한 고정관념은 공포, 불안, 그리고 불신을 조장하며 나이 듦에 대한 부정적 믿음을 가진 사람들이 알츠하이머와 같은 뇌질환에 걸릴 확률이 높은 것으로 나타났다.

📇 65세는 청년! 나이에 0.7을 곱해야 진짜 나이

100세 시대, 120세 시대를 맞아서도 65세 이상이면 노인이라고 불러야 할까? 2015년 UN은 전 세계 인류의 체질과 평균수명 등을 고려하여 새로운 연령기준을 발표하였다. 0~17세는 '미성년자', 18~65세는 '청년', 66~79세는 '중년', 80~99세는 '노년', 100세 이후는 '장수노인'으로 생애주기를 5단계로 구분하였다. UN의 새로운 연령기준에 따르면 65세는 노인이 아니라 아직 청년이며, 80세는 되어야 노년에 해당된다.

우리나라보다 고령화가 앞서 진행한 일본에서는 나이에 0.7를 곱해야 진짜 나이란 말이 화제가 되었다. 요즘은 예전과 달

UN의 새로운 생애주기별 연령기준

0~17세	미성년자
18~65세	청년
66~79세	중년
80~99세	노년
100세 이후	장수노인

자료: UN(2015)

리 기대수명도 길어지고, 나이가 들어서도 신체적으로 건강하고 활동성이 높아 예전 방식의 나이가 맞지 않다는 것이다.

나이에 0.7를 곱하면 80세는 56세, 70세는 49세, 60세는 42세, 50세는 35세가 진짜 나이인 셈이다. 평균수명이 늘어나면서 생애주기가 확장되어가는 점을 고려하면, 80세 시대에 60세는 은퇴기에 해당하지만 100세 시대에 60세는 여전히 활동기에 해당하며 80세는 되어야 은퇴기인 셈이다. 그러므로 100세 시대 생애주기에 0.7를 곱하면 80세 시대의 생애주기와 비슷해진다.

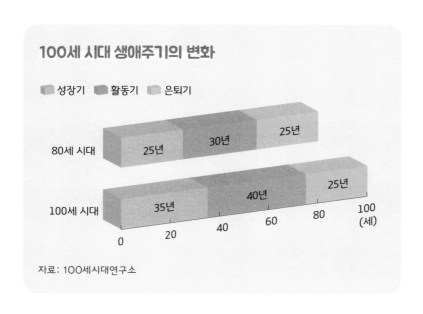

자료: 100세시대연구소

71세부터 노인이라 생각

통계청 노인실태조사에 따르면 실제 65세 이상 노인들이 생각하는 노인 기준연령은 평균 71.4세이다. 이들 10명 중 6명은 '70~74세(59.4%)'는 되어야 노인이라고 응답하였으며, '75세 이상(14.8%)' '80세 이상(12.1%)'이라는 응답비율도 꽤 높게 나타났다. 그에 반해 '69세 이하'는 14%에 불과해 노인에 대한 사회적 인식(노인기준연령 65세)과 큰 차이를 보인다.

85세 이상 연령대의 경우 72세는 되어야 노인이라고 생각한다. 응답자의 연령대가 높을수록 노인이라고 생각하는 기준연령이 높아지는 모습이다. 노인 스스로 본인을 노인으로 규정하지 않으려는 것이다.

현재 생산가능인구는 15~64세이다. 사회는 65세 이상을 생산가능인구가 아닌 부양인구로 바라보고 있지만 실상은 다르다. 65세 이상 고령자 가운데 31.3%가 경제활동을 계속하고 있고, 55~79세 연령대는 경제활동참여율이 57.5%에 이른다. 5인 이상 사업체 인사담당자에게 연령대별 생산성 인식에 대해 조사한 결과, 60대 근로자의 생산성은 40세 이하 근로자의 73% 수준인 것으로 나타났다. 40세 이하 근로자의 생산성이 가장 높은 점을 감안할 때, 일반적인 통념처럼 60세 이상 근로자의 생산성이 크게 낮지도 않다는 얘기다. 더불어 70세 이상 근로자의 생산성도 60세와 크게 차이가 나지 않는다는 인식이 보편적이다.

이 나이에 무슨 VS 내 나이가 어때서

나이라는 한계에 갇혀 새로운 시도보다는 그냥 제자리에 머

액티브 시니어의 특징

구분	기존 시니어	액티브 시니어
세대특징	수동적, 보수적	적극적, 미래지향적
경제력	경제력 보유층이 적음	경제력 보유층이 두터움
노년의식	인생의 황혼기	새로운 인생의 시작
가치관	본인을 노년층으로 인식	실제보다 5~10년 짧다고 생각
소비관	검소함	합리적인 소비
취미활동	취미 없음	다양한 취미
노후준비	자녀세대에 의존	스스로 노후준비
보유자산	자녀에게 상속	자신의 노후를 위해 사용

자료: 산업연구원(2016)

물러 있지는 않은지 살펴보자. 마음가짐에 따라 한계에 갇힐 수도 있고 뛰어넘을 수도 있다. 최근 고령층으로 편입되고 있는 베이비붐 세대는 기존 고령층에 비해 학력과 소득이 높고, 노년기를 자기실현의 기회 또는 제3의 인생의 시작이라고 생각하는 등 과거 고령층과는 매우 다른 사고방식을 보유하고 있다.

'시계 거꾸로 돌리기 실험'은 자신이 늙었다고 생각하는 정신적 노화가 스스로를 더 나이 들게 만들고, 반대로 젊은 시절의 환경과 생각으로 사는 것이 가장 강력한 항노화제가 될 수 있음을 보여준다. 20년 더 젊어지는 방법은 어렵지 않다. 젊었을 때의 마음가짐으로 마음의 시계를 거꾸로 되돌리는 것만으로도 가능하다.

"몸과 마음이 하나라는 사실을 기억하세요. 어디에 마음을 놓던지 신체 또한 그곳에 놓이게 됩니다. 그리고 그 결과로 다양한 일들이 나타나지요."(엘렌 랭어 Ellen J. Langer)

중년, 100세 시대의 중심이 되다

🗂️ 인구 10명 중 4명은 중년층

우리나라에서 중년(中年)이란 중장년이라고도 하며 인생에서 장년에서 노년 사이의 단계를 이르는 말로, 일반적으로 대략 40대부터 65세 전까지 나이의 사람들을 일컫는다. 불과 20년 전만 해도 중년은 은퇴를 앞두고 있어 사회활동을 하는 사람들 중에서는 대접받는 위치였다. 하지만 고령사회가 되어버린 요즘에는 말 그대로 중간나이의 계층이 되어버렸다.

2017년 11월 기준 40~65세 중장년층 인구는 1,966만4,000

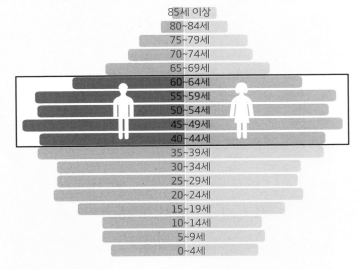

중년층 인구분포

85세 이상
80~84세
75~79세
70~74세
65~69세
60~64세
55~59세
50~54세
45~49세
40~44세
35~39세
30~34세
25~29세
20~24세
15~19세
10~14세
5~9세
0~4세

자료: 인구조사(통계청)

명으로 총 인구의 39.4%이다. 40세 이하는 46.4%, 65세 이상은 14.2%의 비중을 차지한다. 40대 후반(45~49세)이 22.4%로 가장 많고, 다음으로 50대 후반(21.2%), 50대 초반(20.3%) 순이다. 베이비부머(55~63년생)가 50대 후반 이후, 2차베이비부머(68~74년생)가 40대를 주로 구성한다.

중장년층이 가구주인 가구는 전체 일반가구의 65.2%를 차지한다. 이들이 부양하는 가구원 수는 2.79명인데 전형적 가구

형태였던 4인 이상 가구는 줄어들고, 1~2인 가구는 증가하고 있다. 수치는 변하고 있어도 중년은 여전히 직업에서 정점에 이르는 시기이며, 소득과 자산이 가장 높아 대부분의 사람들이 가장 머물고 싶어하는 인생의 황금기이다.

📁 10명 중 6명이 경제활동

2017년 10월 기준 일자리를 가진 중장년층 등록취업자는 1,208만8,000명으로 전체 중장년 인구의 61.5%를 차지한다. 이 수치에는 수입 목적으로 일을 했더라도 4대 사회보험에 가입되지 않은 임금근로자, 농림수산물 생산활동경영자 등이 포함되지 않은 통계라 사실상 더 많은 중장년이 일하고 있다고 볼수 있다.

성별로는 남자가 여자보다 많고, 연령별로는 40대 초반이 가장 높으며 은퇴에 임박하는 60대로 갈수록 그 비중이 낮아진다. 이들 중에는 임금근로자가 76.9%, 비임금근로자가 19.9%를 차지하는데 나이가 많아질수록 임금근로자의 비중이 감소한다. 근속기간별로 살펴보면 1년 미만인 중장년 등록취업자 비율이 32.4%로 가장 높고, 1~3년이 21.6%로 그 뒤를 잇고 있다. 이는 나이가 들면서 이전 직장에서 퇴직하고 재취업하는 과정이 반영된 것으로 추정된다. 좀더 들여다보면 취업 상태에서 미취업자로 변동된 중장년층 월평균 임금은 259만원인데 반해, 미취업 상태에서 새로 일자리를 취득한 중장년층 취업자의 월평균 임금은 208만원이었다. 재취업의 경우 기존 일자리 대비 약 20% 정도 임금이 줄어드는 것이다.

중년, 황금기와 위기의 공존

중년기는 자녀 양육과 더불어 노부모 부양까지 부담이 가장 큰 시기로, 일과 가족 두 영역에서 책임이 가장 극대화되는 시점이기도 하다. 그런데 어느 때부터인가 쇠퇴기, 노화, 중년의 위기라는 부정적 이미지들이 덧씌워지기 시작했다. 이는 직업에서의 변화와 건강상의 문제 등으로 '중년의 위기'를 경험하게 되는 현실적인 부분도 작용한다. 결국 중년은 인생의 황금기이면서도 위기가 공존하는 시기인 셈이다. 또한 중년은 은퇴를 준비하고 직접 경험하는 시기이다. 기대수명으로만 따져보아도 살아갈 날이 30~40년이나 남아 있는데 말이다. 그런 점에서 50대 중반에 퇴직을 맞이한다는 것은 중년 위기의 원인이 되기도 한다.

수명이 늘어나면서 신체가 느끼는 중년기는 70세까지 연장되었지만, 민간기업의 평균 퇴직연령은 50대 중반으로 국민연금을 받을 때까지 많게는 10년 이상 소득공백기가 발생한다. 직장인들에게 물었을 때 가장 큰 걱정거리는 '노후불안'이다. 중년층이 노후불안을 해소할 수 있도록 국가와 기업, 개인이 힘을 합하는 노력이 필요하다. 가장 이상적인 방법은 정년퇴직 연령을 가능한 늦추어 국민연금 수령개시 연령인 65세에 맞게 조정하는 것이다.

중년기, 잘 보내고 있나요?

중년기는 다른 어느 생애단계보다 사회경제적 지위, 건강, 심리적 복지 등에서 개인차이가 뚜렷하게 나타나는 시기이기도 하다. 자녀를 적게 낳아 자녀 양육기간이 줄어들고, 평균수명이 길어지면서 자녀 독립 후 부부만 생활하는 기간이 늘어난 중년에게 부부 사이의 조화로운 관계는 더 중요해졌다.

중년기는 어떤 직장에서 무슨 일을 해왔으며 가정생활은 어떠한지에 따라 개인차가 현저하게 나타나고, 이러한 삶의 다양성이 개인의 건강상태에 그대로 반영된다. 40~50대에는 각종 성인성 질환이 발생하기 시작한다. 만성피로로 무거워진 몸 때문에 갑자기 영양제를 챙겨 먹거나 갑작스런 질병을 선고받는 이들이 늘어나기도 한다. 만성질환은 대부분 음주, 흡연, 비만, 운동부족, 식습관 등 바람직하지 못한 생활양식에 기인한다. 지금 당장 생활방식을 바꾸진 못하더라도 중년기의 건강문제는 노년기로 연결되므로 늦었다고 생각되는 50~60대라도 운동을 통해 건강관리에 더 노력해야 한다. 만성질환으로 노후생활을 방해받고 싶지 않다면 말이다.

중년의 노후설계가 100세 인생을 좌우한다

말 그대로 중간나이의 계층이 되어버린 중년층은 100세 시대를 맞아 인구의 허리역할을 생각보다 오래 할 것으로 예상된다. 사실 자식 양육이나 노부모 부양 등 현재 자신들의 역할을 수행하기에도 벅차다. 아직도 연금이 없는 중장년층이 26.8%나 된다는 통계는 이들의 노후설계가 결코 녹록지 않음을 보여준다.

물론 연금제도의 도입시기와 중년층의 취업 여부가 연금가입에 상당 수준 영향을 미쳤을 것이다. 그러나 과거와 달리 중장년시기는 은퇴가 임박한 시기가 아니다. 100세 시대에 맞게 자의로 혹은 타의로 왕성한 경제활동을 이어가야 할 시기가 된 만큼 이에 대한 대비가 필요하다. 억지가 되었든 아니든 일을 계속한다는 것은 개인적으로는 보다 활력있는 삶을 유지할 수 있고, 국가적으로는 국가경쟁력을 유지할 수 있으니 반드시 나쁜 것만은 아니다.

중년에겐 실질적 은퇴가 늦어지는 만큼 은퇴 이후 노후를 준비할 시간을 그만큼 더 벌 수 있다는 뜻도 된다. 생계 목적이 아닌 사회적 관계 유지나 자아성취 등을 목적으로 일에 접근해 보자. 심리적으로 한층 마음이 편해질 수 있다. 부양가족에 대한 짐도, 퇴직이나 재취업의 부담도 내려놓자. 지금껏 살아온 것처럼 앞으로도 다양한 삶이 주어질 것이다. 인생은 길고 100세 시대의 나는 더 젊어지고 있다.

초고령 사회가 아닌
생애확장사회로

◆ '고령' 패러다임의 변화

2000년 고령화사회(65세 이상 고령인구 7% 초과)에 진입했던 우리나라는 2018년 고령사회(고령인구14% 초과)에 진입했다. 일본 24년, 미국 73년, 프랑스 113년에 걸친 변화를 우리나라는 단 17년 만에 이루어내며 세계에서 가장 빠른 고령화 속도를 기록했다. 이런 추세라면 우리나라는 고령사회로 진입하고 7년 뒤인 2025년에는 초고령사회(고령인구 20% 초과)가 되고, 2050년에는 고령인구가 40%에 근접하며 일본을 제치고 세계 최고령 국가에 오를 전망이다.

고령화의 1차적인 원인은 65세 이상 고령인구의 증가다. 즉, 장수가 우리사회 전반에 보편화되고 있음에서 기인한다. 사람들의 기대여명 또한 빠르게 증가하고 있다. 기대여명은 사고나 질병 등 조기사망의 경우를 포함하고 있는 개념이다. 그래서 실질적인 장수추이를 확인하려면 최빈사망연령을 살펴보는 것이 바람직한데, 최빈사망연령이란 한 해 동안 가장 많이 사망한 나이를 의미한다. 우리나라 최빈사망연령은 2025년 90세에 이를 것으로 예상되며 이러한 경우를 통상 '100세 시대'로 정의한다.

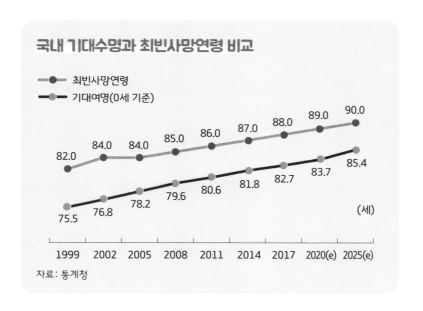

국내 기대수명과 최빈사망연령 비교

- ●- 최빈사망연령
- ●- 기대여명(0세 기준)

	1999	2002	2005	2008	2011	2014	2017	2020(e)	2025(e)
최빈사망연령	82.0	84.0	84.0	85.0	86.0	87.0	88.0	89.0	90.0
기대여명	75.5	76.8	78.2	79.6	80.6	81.8	82.7	83.7	85.4

(세)

자료: 통계청

고령사회 NO, 생애확장사회 YES

　고령화는 단순히 나이 든 사람들이 많은 현상에 그치는 것이 아니라 저성장 등 사회 전반에 부정적 영향을 미친다. 고령화 문제해결을 위해서는 인구구조 변화가 따라주어야 하지만 이를 위해서는 오랜 시간과 많은 노력이 필요하다. 그렇다면 이미 초고령사회를 향해 달려가고 있는 우리나라 고령화 문제의 해결은 요원할 수밖에 없는 것일까?

　평균수명 연장에 따라 생애주기가 확장되어 가는 점을 고려해 나이에 대한 관점을 조금 바꾸어 생각하면 고령화 문제를 해결할 실마리를 찾을 수 있다. 같은 고연령대라도 과거 대비 현재 사람들이 건강상태도 좋고 활동도 훨씬 왕성하다. 따라서 초고령사회가 아닌 생애확장사회로 변화되는 과정으로 바라본다면 현재 무겁게 다가오는 고령화 문제를 보다 가벼운 마음으로 접근할 수 있다.

더 길어지는 성장기간, 늘어나는 교육기간

　인간의 수명만 길어지는 것이 아니다. 개개인의 생애기간이 확장되고 있는 모습이 사회 전반에 걸쳐 나타나고 있다. 우선

성장기에 교육기간이 길어짐에 따라 사회에 진출하는 시기 역시 늦어질 수밖에 없는 구조로 변화하고 있다.

2015년 우리나라 청년층(만 25~34세)의 고등교육 이수율은 69%로 10년 전인 2005년의 51% 대비 18%p 증가했다. 다른 국가는 물론 OECD(평균 42%) 내에서도 매우 높은 고등교육 이수율을 보인다. 대학 졸업 이상의 고등교육 이수자가 늘어가고 청년실업 등으로 구직기간도 대폭 늘어났다. 이런 이유가 보태져 사회진출 시기 역시 과거에 비해 많이 늦어지고 있다.

20대 경제활동참가율 추이를 살펴봐도 사회진출 시기가 늦어짐을 확인할 수 있다. 2005년 66.3%였던 20대 경제활동참가율은 2017년 63.9%로 감소했다. 20대 남자만을 놓고 보면 68.4%에서 62.9%로 경제활동참가율이 5.5%p나 감소하며 더 큰 하락폭을 보인다.

계속 늦어지는 초혼시점

사회에 진출하는 시기가 늦어지다 보니 초혼연령도 높아지고 있다. 1997년 28.6세였던 남자 초혼연령이 2017년에는 32.9세로 4.3세 증가했고, 25.7세였던 여자 초혼연령은 30.2세로 4.5세 증가했다. 특히 최근 10년간은 남자 초혼연령이 1.8세 증가한 반면 여자 초혼연령은 2.1세 증가하며 좀더 빠른 증가세를 보인다.

실제 '결혼은 필수'라는 인식이 줄어들고 '할 거라면 제대로 갖추고 하자' 등 결혼에 대한 다양한 인식 변화의 영향도 있지만, 삶의 주기가 길어지면서 시간적인 여유를 가지게 된 점도 결혼이 늦어지는 주요한 원인 가운데 하나로 추정된다.

초혼연령이 늦어지는 만큼 첫째아이를 출산하는 평균연령도 높아질 수밖에 없다. 20년 전인 1997년에는 첫째아이 평균 출산연령이 26.9세로 보통은 20대 후반에 부모의 역할이 시작되었다. 그러나 2010년 첫째아이 평균 출산연령이 30세를 넘어섰고, 2017년에 31.6세에 이르며 20년 전 대비 4.7세나 높아졌다. 30대 초반이 되어서야 부모의 역할을 시작하는 것이다. 평균 초혼연령은 앞으로도 늦어지면 더 늦어졌지 빨라질 가능성은 희박해 보인다.

경제활동참가가 늦어지거나 만혼문제와 달리 출산연령의 상승은 개인적인 차원에서는 건강수준이 높아지긴 했으나 의학적으로 분석될 문제다. 하지만 사회적인 차원에서의 저출산 문제는 국가구성원 수의 감소란 측면에서 심각히 바라봐야 할 부분이다.

일하는 기간도 늘어난다

생애확장이 불러오는 가장 대표적인 현상은 무엇보다 일하는 기간의 증가이다. 2019년 65세 이상 고령자의 고용률은 31.3%로 전년 대비 0.7%p 증가했다. 주목할 만한 것은 60~64세 고용률이 60%를 넘어서며 빠르게 증가한 점이다. 2013년 20대 고용률을 처음으로 역전한 이후 갈수록 더 높아지고 있다.

은퇴는 생산활동은 중지했지만 소비는 지속적으로 계속되는 상태를 의미하는데, 이는 단순히 직장을 그만두는 퇴직과는 차이가 있다. 장래에 근로를 원하는 55~79세 고령자는 2012년 59.2%에서 2019년 64.9%로 5.7%p 상승해 꾸준한 증가세를 보이고 있다. 다만, 취업을 원하는 이유가 생활비를 보태야 한다는 것이 가장 많은데다 이조차 증가추세를 보여 아쉬움을 남긴다. 일 자체를 즐기려는 이유로 늦어지는 은퇴는 권장하고 싶지만, 경제적인 이유 때문에 늦어지는 현상은 안타깝다.

실질 은퇴연령 OECD 최고

OECD가 발표한 2015년 기준 통계에 따르면 우리나라 실질 은퇴연령은 72.9세로 1위를 기록해 가장 늦게 은퇴하는 국가로 유명하다. 일 자체보다는 생계유지 때문에 어쩔 수 없이 일한다는 문제가 있지만 생애주기상 마지막 이벤트가 되어야 할 은퇴가 지연되고 있다는 점은 우리 삶에 변화를 주는 당면한 현실이 되었다.

우리나라는 연간 근로시간 측면에서도 최상위권이다. 이는 가장 많은 시간을 일하고 가장 오랜 기간 일하면서도 노인빈곤율 등 복지지표는 나쁜 구조적인 문제로 연결된다. 따라서 일 자체를 즐기려는 목적으로 은퇴를 늦추기 위해서는 연금 등을 활용한 노후자산 관리가 반드시 병행되어야 한다. 사회적인 차원에서 고령자의 기준을 정비하고 고령자 근무환경 개선을 위한 노력도 필요하다.

고령기준 10년 늦추면 대한민국은 아직 청춘

통용되는 UN이 정한 고령화 기준은 이미 30년 전에 만든 과거의 기준이다. 우리나라만 해도 1990년 당시 0세의 기대여명은 71.7세였으나, 2018년에는 82.7세로 10년 넘게 증가했다. 수명연장 추세를 고려할 때 고령화를 판단하는 기준이 65세 이상으로 고정되어 있는 것은 시대적 변화를 반영하지 못한 것이다. 이런 점에서 2015년 전세계 인류의 체질과 평균수명 등을 고려해 UN이 새로운 연령기준을 발표한 것은 반가운 일이다.

　고령인구 기준을 변경하면 많은 이야기가 달라진다. 70세 이상 기준 고령인구 비율은 10.3%로 떨어지고, 75세 이상으로 바꾸면 6.6%로 대폭 감소한다. 고령인구 기준을 10년 늦추면 우리나라는 아직 고령화사회에도 진입하지 않은 청춘국가나 다름없다.

　고령인구 기준을 변경하면 생산가능인구가 줄어드는 문제도 해결할 수 있다. 인구수나 구성원의 나이는 그대로인데, 기준을 변경하면 문제가 문제가 아닌 게 돼버리는 흥미로운 현상

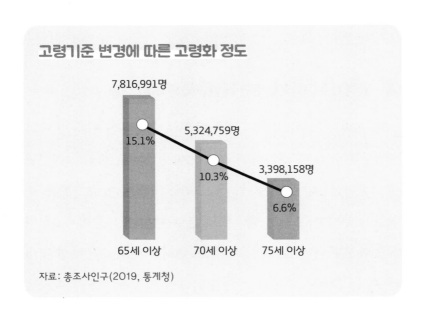

고령기준 변경에 따른 고령화 정도

7,816,991명

15.1%

5,324,759명

10.3%

3,398,158명

6.6%

65세 이상　　70세 이상　　75세 이상

자료: 총조사인구(2019, 통계청)

이 나타난다. 통계청 장래인구추계에 따르면 현재 15~64세 생산가능인구는 2016년 약 3,763만 명을 정점으로 급격한 감소세로 전환되어 가는 중이다. 이는 소비지출 감소로 이어지고 결과적으로 내수경기가 위축되면서 저성장으로 연결되었다. 그러나, 만약 생산가능인구 기준을 15~74세로 바꾸면 생산가능인구의 정점이 2020년 이후로 미루어지고 그 정도 또한 완화될 것이다.

이 기준으로 보면 2040년 예상되는 생산가능인구는 3,701만여 명으로 2016년과 비슷한 수준으로 유지할 수 있다. 우리나라의 경제활력을 유지하기 위해서라도 제도적으로 고령인구 기준변경에 대한 사회적 공감대 형성이 필요한 시점이다.

인생은 70부터

이웃나라 일본에서는 평균 나이 84세 할머니들이 걸그룹을 결성하여 한창 화제가 된 적이 있다. 어떤 일을 함에 있어 나이를 제약요건으로 생각하지 않는 사람들이 많아지는 추세이다. 최근에는 나이 60에 사회생활을 정리하는 사람들보다 기존과 같은 활동성을 유지하는 사람들이 훨씬 더 많고 60~70대에도 젊은이 못지않게 사회활동을 하는 액티브 시니어들을 자주 발

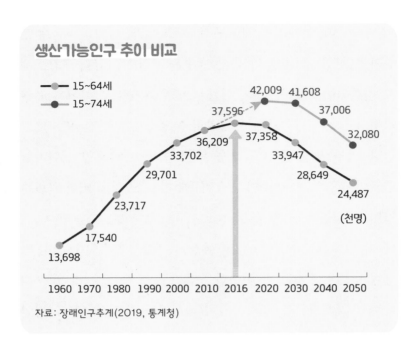

생산가능인구 추이 비교

●── 15~64세
●── 15~74세

42,009 41,608
37,596   37,006
36,209 37,358   32,080
33,702
29,701   33,947
23,717   28,649
17,540   24,487
13,698   (천명)

1960 1970 1980 1990 2000 2010 2016 2020 2030 2040 2050

자료: 장래인구추계(2019, 통계청)

견할 수 있다. 심심찮게 볼 수 있는 다양한 개성을 가진 실버모델의 등장만으로도 변화를 실감한다. 유튜버로 이름 날린 박막례 할머니처럼 46년 식당운영 경험을 살려 베스트셀러 작가가 되기도 한다. 취미든 왕성한 직업활동의 연장이든 70대 이후로 쭉 확장되었다는 뜻이다. 노년의 일이 과거엔 특별한 사람들의 범주였다면 이젠 일반적인 생애활동이 되었다는 점에서 과거와 다르다.

그동안 '인생은 60부터'라는 말은 은퇴시기에 즈음하여 일을 내려놓고 즐거운 인생을 살라는 의미로 사용되어 왔다. 그렇다면 이제 인생은 60부터가 아닌 70 또는 80부터라고 생각하고 살아가는 것이 더 합당한 기준일 것이다.

나이 들어도 나 혼자 산다

🗃️ 나 혼자 산다

혼자 사는 것이 더 이상 특별하지 않은 시대가 되었다. 우리나라 1인 가구는 2019년 기준 615만 가구로 전체 가구의 30.2%를 차지하며 1위를 차지하고 있다.

1인 가구의 증가는 전세계적인 양상이지만, 우리나라 1인 가구는 최단기간 고령화를 이루어낸 국가답게 그 증가속도가 매우 빠르다. 2000년부터 2019년까지 우리나라 전체 가구는 603만 가구, 42% 증가하였는데, 같은 기간 1인 가구는 392만 가구로 176% 증가하였다. 통계청에 따르면 2047년 우리나라 1인 가구 비중은 37.3%에 이를 것으로 전망된다. 부부 가구는 21.5%로 두 번째, 부부+자녀 가구는 16.3%로 감소하면서 세 번째로 밀리게 된다.

1인 가구가 급증하면서 1인 가구의 모습도 달라지고 있다. 과거에는 아직 결혼하지 않은 청년 또는 배우자와 사별한 노인이 1인 가구의 대표적인 모습이었으나, 최근에는 중년 남성 1인 가구가 빠르게 증가하고 있다.

1인 가구나 부부 가구가 증가하는 현상은 일단 젊은 세대의 늘어지는 결혼연령과 연관이 높다. 결혼이 늦어지면 아무래도 출산연령이 늦어지게 되고 출산을 아예 포기하는 경우도 적지 않을 것이다. 우리나라의 낮은 출산율에는 다 이유가 있겠지만, 이런 상황이 지속되다 보면 자녀가 없는 가구는 배우자와의 사별 등으로 나이가 들어서 다시 혼자 살게 되는 경우가 많아질 수밖에 없다.

▥ 2047년, 절반이 고령자 가구

인구구조 변화에 따라 전반적으로 가구주 연령은 올라갈 수밖에 없다. 2017년에는 40~50대 가구주가 전체의 46.7%로 가

주요 가구원 수별 구성비(2017~2047)

■ 1인 ■ 2인 ■ 3인 ■ 4인 ■ 5인 이상

2017년　28.5　26.7　21.3　17.7　5.8

2027년　32.9　30.9　20.7　12.3　3.3

2037년　35.7　33.4　19.7　9.0　2.1

2047년　37.3　35.0　19.3　7.0　1.4　(%)

자료: 장래가구특별추계 2017~2047년(통계청)

장 많지만, 2047년에는 60~70대가 41.2%로 가장 많은 비중을 차지할 전망이다.

65세 이상 고령자 가구는 2017년 399만8,000가구로 20.4%에서 2047년에는 1,105만8,000가구인 49.6%로 증가해 규모 면에서는 약 2.8배 증가할 것이다. 고령자 가구 역시 2047년에는 1인 가구(36.6%)와 부부 가구(29.9%)가 많은 비중을 차지할 것이다. 우리에게 익숙한 가구형태는 40~50대 가구주를 둔 3~4인 가구이다. 그러나 2047년에는 1~2인의 고령자 가구가 더 익숙해질 수 있다. 가구의 평균적인 모습이 바뀌게 된다는 것이다.

1인 가구 트렌드 ① 남성 1인 가구 증가

최근 우리나라 1인 가구에서 눈에 띄는 변화는 단연 남성 1인 가구의 증가이다. 과거에는 여성 1인 가구가 월등히 많았으나 남성 1인 가구가 빠르게 증가하며 혼자 사는 사람의 성별 차이는 거의 사라졌다. 2019년 전체 1인 가구 중 남성 1인 가구가 차지하는 비중은 49.7%로 2000년 기준 42.6%에 비해 7.1%p 증가하였다. 같은 기간 여성 1인 가구 수가 증가할 때 남성 1인 가구 수는 더 빠르게 증가하였기 때문이다.

남성 1인 가구가 점점 많아지는 것은 20대를 제외한 전 연령대에서 나타나는 현상이지만, 특히 40~50대 중년층에서 두드러진다. 이들의 삶을 엿보여주는 TV 프로그램들도 생겼으니 이제는 일반적이라고 할까. 이들의 증가는 미혼 및 이혼 가구가 늘어나면서 따라오는 결과로 앞으로도 남성 1인 가구의 증가는 계속될 전망이다. 남성은 미혼일 경우 부모와 함께 살거나, 이혼하는 경우 자녀와 함께 살 확률이 여성보다 낮기 때문이다.

📂 1인 가구 트렌드 ② 중년 1인 가구 증가

두 번째 눈에 띄는 변화는 중년 1인 가구가 늘고 있는 것이다. 일반적으로 중년기는 부부가 자녀를 양육하며 살아가는 시기로 1인 가구와 멀어 보이지만, 2019년 기준 전체 1인 가구 가운데 40~50대 중년층이 차지하는 비중이 30.4%로, 청년층 36.4%, 고령층 33.6%와 큰 차이를 보이지 않았다.

2000년 54만1,000가구에 불과했던 40~50대 중년 1인 가구는 2019년 187만 가구로 245% 증가하였다. 이에 따라 같은 기간 전체 1인 가구 가운데 40~50대 중년 1인 가구의 비중도 24.3%에서 30.4%로 높아졌다. 과거 1인 가구의 대표격이던 20~30대 청년 1인 가구 비중은 2000년 43.9%에서 2019년 36.0%로 오히려 낮아졌다. 60대 이상 고령 1인 가구는 2000년 31.8%에서 2019년 33.6%로 증가하였으나, 중년 1인 가구 증가세에 비하면 상대적으로 큰 변화는 아니다.

📂 1인 가구 트렌드 ③ 미혼 1인 가구 증가

세 번째 눈에 띄는 변화는 미혼 1인 가구의 증가이다. 특히 결혼을 늦게 하거나 결혼을 선택하지 않은 사람들이 중년 이상

의 연령대로 접어들면서, 중년 미혼 1인 가구의 증가세가 두드
러진다.

전체 미혼 1인 가구는 2000년 95만7,000가구에서 2015년
228만4,000가구로 139% 증가하였는데, 같은 기간 40~50대 중
년 1인 가구는 10만4,000가구에서 61만7,000가구로 495% 증가
하였다. 이에 따라 미혼 1인 가구 가운데 40~50대 중년이 차지
하는 비중도 10.8%에서 27.0%로 높아졌다.

미혼 1인 가구가 중년층을 중심으로 빠르게 증가하면서 청
년 1인 가구는 미혼, 중년 1인 가구는 이혼, 노년 1인 가구는 사
별이라는 공식이 깨지고 있다. 1인 가구의 혼인상태를 연령대

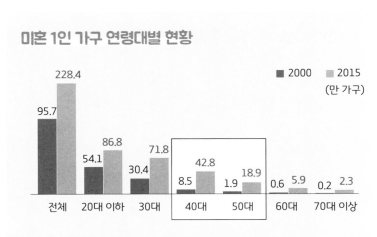

자료: 인구총조사 표본(20%) 부문(통계청, 2015)

별로 보면, 20~30대 청년층뿐만 아니라 40대 중년층에서도 미혼이 절반 이상을 차지하고 있으니 말이다.

위기의 중년 1인 가구

중년기는 노후에 진입하기 전 단계로서 이들의 경제상태는 노후빈곤과 밀접한 관련이 있다. 통계상 중년 1인 가구는 소득수준이 열악하고, 낮은 취업률과 높은 실업률을 보인다.

1인 가구의 소득수준은 균등화소득을 통해 비교했을 때 다인 가구의 68% 수준으로, 50대 이후 소득격차가 크게 벌어지는

다인 가구 대비 1인 가구 균등화소득 수준

전체	20대 이하	30대	40대	50대	60대	70대 이상
68.1%	90.6%	105.2%	99.7%	78%	59.3%	71.7%

주: 균등화소득은 가구소득을 각 가구원의 소득으로 전환한 소득, 가구소득을 가구원 수의 제곱근으로 나누어 계산

자료: 통계청 가계동향조사 미시데이터를 기반으로 국회예산처 작성(2016)

것으로 나타났다. 또한 다인 가구에 비해 취업률은 54%로 낮고, 상용직보다 임시 · 일용직 비중이 높아 고용의 질이 열악한 상황임을 보여준다. 특히 50대 1인 가구는 임시 · 일용직 비중(41%)이 다인 가구(19.3%)에 비해 매우 높다.

혼자 사는 삶은 기본적인 생계부터 노후준비까지 모든 것을 스스로 책임져야 하는 만큼 남들보다 더 많은 준비가 필요하다. 중년은 아직 근로능력이 충분한 만큼 소득수준과 고용의 질을 높이는 방안이 적극적으로 모색되어야 한다.

외로움은 가장 큰 적

1인 가구는 혼자 살다 보니 규칙적인 일상생활과 취사 등을 소홀히 하게 됨으로써 건강이 악화될 가능성이 높다. 같이 사는 가족이 없는 만큼 갑작스러운 질병 등 예상치 못한 위험에 대한 대응력도 부족할 수 있다. 중년 1인 가구는 3명 중 2명이 만성질환을 갖고 있어, 중년 다인 가구에 비해 신체적 건강상태가 떨어지는 것으로 나타났다. 특히, 4명 중 1명은 우울증이 의심될 정도로 정신적 건강상태가 위험한 상황이다.

혼자 살수록 균형잡힌 식사와 규칙적인 생활을 유지하고 술과 담배를 절제하는 등 자기통제와 건강관리에 신경써야 한다.

가족의 지원을 기대하기 어려운 만큼 의료비나 간병비도 남들보다 더 철저하게 준비해야 한다. 무엇보다 가족을 대신해 정서적 만족을 얻을 수 있고, 어려울 때 도움을 요청할 수 있는 사회적 가족을 만들어가려는 노력이 필요하다.

느슨한 연대, 사회적 가족이 늘어난다

전통적인 가족은 혈연 및 결혼으로 끈끈한 연대를 맺고 있다. 하지만 1~2인 가구 중심으로 빠르게 변화하는 가구구조를 고려하면 기존과 같이 가족을 중심으로 끈끈한 연대를 이어가기는 쉽지 않아 보인다. 그럼 가족의 기능은 누구로부터 어떻게 보완할 수 있을까?

끈끈한 연대가 약화되는 반면 새로운 연대를 만들 기회는 있다. 바로 '느슨한 연대'이다. 인터넷, 정보통신망의 발달로 소셜네트워크를 이용해 가벼운 관계를 쉽게 만들 수 있다. 원할 때 편안하게 소통할 수 있는 사회적 가족을 만들어가는 시대가 된 것이다. '멀리 있는 친척보다 가까운 이웃이 낫다'는 말이 있다. 전통적인 끈끈한 연대의 부담에서 벗어나 느슨한 연대를 통해 정서적인 만족을 충분히 얻는다면 이 또한 현대를 살아가는 나쁘지 않은 모습이다.

💳 노후준비 더 이상 늦출 수 없어

1인 가구는 배우자나 기댈 수 있는 자녀가 없기 때문에 남들보다 더욱 철저히 스스로의 노후를 준비해야 한다. 노후를 앞둔 중년 1인 가구의 경우 더더욱 그렇다. 그러나 중년 1인 가구의 노후준비를 살펴보면, 국민연금 납부율(64.2%), 퇴직연금 가입률(7.6%), 개인연금 가입률(10.5%)이 중년 다인 가구와 비교했을 때 상대적으로 낮아 노후소득이 불안정한 상황이다. 현재의 부족한 노후준비가 노후빈곤으로 이어지지 않으려면 하루라도 빨리 노후준비를 시작해야 한다.

노후준비는 은퇴 후 경제활동을 더 이상 할 수 없는 상황이 되더라도 노후소득이 일정수준 이하로 떨어지지 않도록 하는 것이 중요하다. 중년 1인 가구는 은퇴가 얼마 안 남았지만, 다인 가구에 비해 지출통제가 가능한 만큼 노후를 위한 저축과 투자를 늘려간다면, 혼자여도 괜찮은 노후를 맞이할 수 있을 것이다.

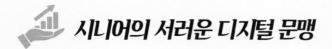

시니어의 서러운 디지털 문맹

일상이 디지털로 업로드되는 세상

디지털의 사전적 정의는 '여러 자료를 유한한 자릿수의 숫자로 나타내는 방식'이다. 이 정의를 보면 영화 〈매트릭스〉가 떠오른다. 내가 살고 있는 세상이 사실은 디지털 가상세계이더라는 내용이 너무 충격적이어서 아직도 강렬한 기억으로 남아 있다. 영화가 개봉한 지 10년이 지난 지금, 살아보니 지금의 세상이 진짜 매트릭스와 다르지 않다.

우리의 일상에서 디지털을 제외하고 생각할 수 있을까? 화폐, 소통, 놀이, 쇼핑, 유통, 교육, 투자 등등 우리의 모든 일상이 디지털로 온라인에 업로드되고 있으며, 계속해서 더 많은 분야들이 디지털로 옮겨가고 있는 세상이다. 실제 손으로 쥘 수 있는 실체는 없지만 우리는 없다고 인지하지 않는다.

2020년 현재, 이것이 디지털시대를 살아가는 우리의 모습이며 우리가 추구하는 시대의 방향이다.

정부가 주도하는 디지털 세상

그렇다면 IT강국이라는 대한민국의 상황은 어떨까? 정부는

2019년 10월 29일 '디지털 정부혁신 추진계획'을 발표했다. 그 중 국민들의 일상생활과 밀접한 부분에서는 디지털 신분증 도입, 300여 종의 전자증명서를 스마트폰으로 발급, 생애주기 원스톱서비스 확대 등을 주요 내용으로 하는데, '디지털을 통해 우리 생활이 더 편리해지고 살기 좋아질 수 있다'는 메시지를 전달했다.

물론 지금도 행정서비스를 온라인으로 많이 이용할 수 있는데, 50대는 58.4%, 60대 이상은 76.4%가 아직 직접 방문해서 행정 업무를 처리하고 있다. 모바일 전자정부 서비스에 불만족하는 1위 이유로는 50대의 47%가 '개인정보 유출 가능성으로 불안함'을 꼽아 아직 디지털이 미덥지 못하다는 모습을 보였고, 60대의 88%는 '서비스가 어렵고 복잡하다'로 답변해 디지털 환경에 적응하지 못하고 있음을 보여준다.

몰라서 못 받는 시니어, 온라인 차별

50~60대 이상은 행정서비스뿐만 아니라 금융기관의 대표적인 온라인 서비스인 모바일 뱅킹 이용률도 다른 세대에 비해 낮았다. 금융기관에서는 모바일을 통해 가입하면 추가금리를 주거나 수수료를 할인해 주기도 하고, 종종 온라인 깜짝이벤트 등을 통해 특판상품을 한시적으로 판매하는 경우도 있지만 노인

세대들은 그 혜택들을 받을 수가 없다. 실제로 인터넷 및 모바일을 통해 금융상품을 구매해 본 50대는 6.3%이고, 60대 이상은 불과 1.8%밖에 되지 않았다. 결과적으로는 똑같은 금융상품, 똑같은 금융서비스에 대한 혜택에 있어서 차별을 받게 되는 셈이다.

이는 코로나 여파로 인한 사회적 거리두기가 시행되며 더욱 극대화되었다. 자택에서의 은둔생활은 젊은 사람들에게는 답답할 뿐 불편하지는 않았다. 각종 앱과 온라인 서비스로 세상과 여전히 소통하기 때문이다. 당장 생활용품이 떨어지고 마스크가 필요한 노부부만 발을 동동 굴렸다. 혼자 살면서 불편한 점을 온라인을 통해 오히려 더 많은 서비스를 이용하는 청년층 1인 가구에 비해 이번 코로나 사태처럼 외출이 제한된 상황에서 1인 고령가구의 고충은 특히 더 컸을 것이다.

환경은 좋지만 활용은 못하는 노령층

그렇다면 노령층이 온라인을 이용하기 힘든 환경은 아닐까? 한국인터넷진흥원의 2018년 인터넷 이용실태조사에 따르면 만 3세 이상 국민 5,309만 명 중 인터넷 이용률은 91.5%에 달했다. 인터넷 이용이 모바일 중심으로 바뀌고 있는 상황에서 만 6세 이상 인구의 91%가 스마트폰을 보유하고 있으며, 70대를 제외한 세대는 모두 100% 가깝게 스마트폰을 갖고 있고 60대도 87.5%나 보유하고 있어 겉보기에는 디지털 접근환경이 좋아 보인다.

하지만 실제 활용은 다르다. 과학기술정보통신부의 2019년 디지털정보격차 실태조사에 따르면 취약계층은 역량과 활용에서 각각 일반인의 60.2%, 68.8% 수준에 머물러 일반인과 큰 차이를 보였다. 특히 다른 취약계층은 70%를 상회하는 반면 고령층은 64.3%로 제일 낮은 모습을 보여 디지털 전환 과정에서 고령층이 소외되고 있음을 보여준다.

둘러보면 주변에 의외로 교육기관 등이 마련한 정보화 교육과정이 많다. 국가평생교육진흥원 자료에 따르면 정보화 교육을 포함한 평생교육학습 관련 기관은 2018년 기준 4,169군데이며 프로그램 수는 21만6,980개이다. 서울시 공공기관에서 운영하는 정보화 교육과정만 해도 1,926개나 된다. 길어진 삶만큼 변화된 세상에서 살아갈 수 있는 능력을 키우는 것도 노후준비다. 답답한 사람이 우물판다고 수많은 교육과정을 찾아 도전해보자. 노후가 더 기껍지 않을까.

시니어 정보화 교육과정

과 정	특 징
평생교육사이트 **배움나라** (한국정보화진흥원)	www.estudy.co.kr - 무료 온라인 정보화 교육 - '고령층을 위한 마스크앱 활용법' '키오스크 사용법' 등 생활 밀착 교육을 짧은 동영상으로 확인
국가평생학습포털 **늘배움** (국가평생교육진흥원)	www.lifelongedu.go.kr - 전국에 산재되어 있는 우리동네 강좌와 교육기관 및 학습 콘텐츠를 한 곳에서 확인 - 정보화 과정을 찾고 싶다면 검색창에 '시니어' '디지털 금융'으로 검색
서울시 50플러스포털 (서울시 산하기관 서울시50+재단)	50plus.or.kr - 일자리, 컨텐츠, 교육과정 등 종합지원 기관 - '배움검색'에서 지역별 캠퍼스와 센터에서 운영하는 과정을 확인할 수 있음

자료: 100세시대연구소

선진국 사례

우리나라도 시니어들이 정보화 교육을 받을 만한 꽤 많은 과정들이 있지만 아직은 체계성과 수준에서 부족한 면이 있다. 다른 선진국의 시니어 대상 정보화 교육은 어떨까?

미국 금융회사의 대표적인 교육프로그램 중 하나는 캐피탈원(Capital One Bank)의 시니어 대상 온라인 강좌인 '레디, 셋, 뱅크(Ready, Set, Bank)'를 들 수 있다. 미국 10대 은행에 꼽히는 캐피탈원이 시니어 대상 비영리기업인 OATS(Older Adults Technology Services)와 공동으로 2016년 8월부터 운영중인 온라인 강좌이다. 이 프로그램은 노인에게 특화된 60여 개의 동영상으로 구성하여 온라인뱅킹 소개 및 사용법, 계좌관리 등 금융관련 전 과정을 담고 있다. 특히 동영상에서 설명하는 사회자 역시 대상 고객층과 비슷한 시니어이기 때문에 친근감을 더하고 있다.

독일에는 노인을 위한 시민미디어센터인 시립 '뮌스터 벤노하우스(Bennohaus in Munster)가 있다. 이 센터는 50대 이상의 연령층을 대상으로 학기제 형식의 과정을 개설해 운영하고 있는데, 컴퓨터와 인터넷 과정뿐만 아니라 미디어 역량 개발을 통해 노인 이용자들의 창의적인 제작 가능성을 고취시키고, 세대간 격차를 조정하는 광범위한 프로그램을 제공하고 있다.

미국의 캔자스 기반 은행인 UMB는 점포 내 직원을 중심으로 디지털 지니어스(Digital Genius)를 운영하는데 노인 이용자는 디지털 지니어스와 15분간 대화를 통해 모바일 뱅킹 사용법을 배울 수 있다.

네델란드의 ING은행은 실무단의 기획자, 모바일앱 디자이너, 개발자 등은 디지털 소외계층과 접근성에 대한 교육을 별도로 받고 있다.

또한 많은 선진국에서는 이미 시니어 대상 디지털 조력자

(Digital Supporter)의 필요성을 느껴 청소년과 시니어 간 디지털 리터러시 멘토링을 운영하고 있다. 미국의 사이버 시니어스(Cyber Seniors) 프로그램, 캐나다의 유스 티칭 어덜츠(Youth Teaching Adults) 프로그램, 싱가폴의 세대간 학습 프로그램(Intergenerational Learning Programme, ILP)에서 청소년들이 자원봉사자로 참여하고 있다. 시니어 대상 청소년들의 디지털 교육 자원봉사는 기존 단체집합 교육이나 온라인 교육처럼 일방적인 가르침이 아니라 일대일 방식이라 더욱 효과적이다. 청소년들 입장에서도 세대간 포용력과 리더십을 기를 수 있어 좋은 기회가 된다.

시니어라도 나이대별로 해결 방법 달라야

시니어라고 통칭하지만 시니어를 나누는 기준에 따라 각 계층마다 능력과 니즈가 다를 수 있기 때문에 계층별 맞춤 서비스를 마련해야 한다. 앞선 선진국 사례를 적용해 보면, 50대는 본인의 필요에 따라 디지털 이용에 따른 학습을 능동적으로 할 수 있기 때문에 기본적인 수준의 내용은 캐피탈원의 동영상 교육 정도면 충분히 습득할 수 있다. 60대는 대개 은퇴한 나이지만 여전히 사회적 참여 욕구가 높아 청소년과의 일대일 교육이 효율적일 것이다. 70대는 스마트폰 보유율과 인터넷 활용도도

시니어 기준에 따른 디지털 디바이드 맞춤 해결 필요

구분	50대	60대	70대 이상
특징	• 현업에 종사하는 세대. 본인의 필요에 따라 능동적인 학습 가능 • 디지털 학습을 통한 새로운 비즈니스 창출 가능	• 은퇴세대이지만 여전히 사회참여 욕구 높음 • 종사했던 업종에 따라 인터넷 활용 능력 다름	• 인터넷/스마트폰 활용 능력 낮음 • 노인성 질환 보유 비율 높아지는 시기 감안
맞춤 방법	• 기본 내용은 온라인 학습 충분 • 업무향상을 위한 디지털 트렌드 수용 필요 • 창의적인 활용을 위한 다양한 커리큘럼 제공	• 일대일 교육을 통해 본인이 필요한 분야를 집중적으로 학습	• 일대일 교육, 실생활에 필요한 부분을 숙지할 때까지 반복적으로 교육 • 사회적으로 고령자 응대 창구 및 조력 직원 제공
관련 선진국 사례	• 캐피탈원 레디, 셋, 뱅크 (Ready, Set, Bank) • 독일 시민미디어센터 '뮌스터 벤노하우스'	• 캐나다 유스 티칭 어덜츠(Youth Teaching Adults) • 싱가폴 세대간 학습 프로그램(ILP)	• UMB 점포 내 직원을 중심으로 디지털 지니어스(Digital Genius) 운영

자료: 100세시대연구소

낮으며, 실제로 시력 등 건강상 어려움이 있기 때문에 디지털 환경에 적응을 강요하기보다는 대면창구를 통해 이들의 서비스 이용을 돕는 게 좋을 것이다.

디지털 격차를 좁혀라

노인세대는 젊은 세대에 비해 사회적 소외계층이다. 약자의 위치에 있지만 양적 증가로 인해 사회적 영향력을 행사할 가능성이 커진 세대이기도 하다. 즉, 노인세대의 경쟁력이 고령화 사회를 맞은 국가의 경쟁력이 될 수 있다.

지금까지는 디지털 디바이드가 의도한 차별이 아닐 수 있다. 하지만 노인세대가 팽창하고 있음을 알고 있으면서도 그대로 디지털 문맹으로 제쳐두고 여전히 적극적인 노력을 보이지 않는다면, 결과적으로는 의도한 차별이 아닐까? 디지털 디바이드는 시니어들의 편익과 정보격차의 소외를 넘어, 그들이 기여할 수 있는 국가적 경쟁력을 떨어트릴 수 있다는 인식이 필요하다. 시니어 디지털 리터러시 향상, 더 이상 늦어서는 안 된다.

통계로 본 고령자의 삶

**'2050년 고령인구'
10명 중 4명**

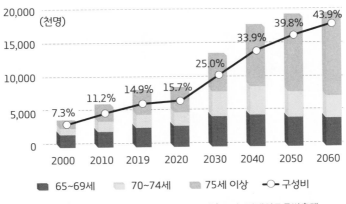

[고령자의 연령대별 구성비] 자료: 인구주택총조사, 장래인구특별추계

고령인구 남녀차이 줄어

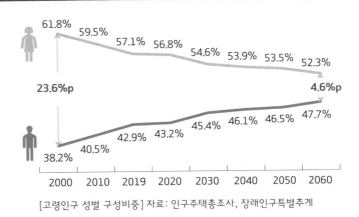

[고령인구 성별 구성비중] 자료: 인구주택총조사, 장래인구특별추계

위기의 노년부양비

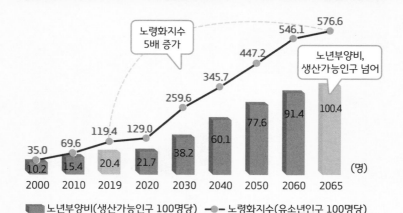

노령화지수
5배 증가

576.6

546.1

노년부양비,
생산가능인구 넘어

447.2

345.7

259.6

129.0

119.4

100.4

91.4

77.6

69.6

60.1

35.0

38.2

21.7

20.4

15.4

10.2

(명)

2000 2010 2019 2020 2030 2040 2050 2060 2065

■ 노년부양비(생산가능인구 100명당) ─●─ 노령화지수(유소년인구 100명당)

[노년부양비 및 노령화지수] 자료: 인구주택총조사, 장래인구특별추계

늘어가는 1인 고령자 가구

스스로를 부양해야 하는 1인 고령자 가구의 증가는
고령인구에 대한 사회적 부담을 더 커지게 함.

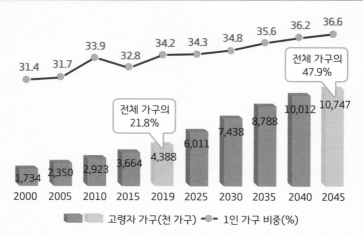

36.6

36.2

35.6

34.8

34.3

34.2

33.9

32.8

31.7

31.4

전체 가구의
47.9%

전체 가구의
21.8%

10,747

10,012

8,788

7,438

6,011

4,388

3,664

2,923

2,350

1,734

2000 2005 2010 2015 2019 2025 2030 2035 2040 2045

■ 고령자 가구(천 가구) ─●─ 1인 가구 비중(%)

[고령자 가구 및 1인 가구 구성비] 자료: 통계청, 장래인구특별추계

건강에 대한 부정적 인식	'건강이 좋다'는 고령자는 22.8%로 2016년(22.3%) 대비 소폭 증가. 긍정적 인식이 조금씩 증가하지만 부정적 인식이 2배 높음. 건강에 대한 부정적 인식은 여자가 더 강한 편.

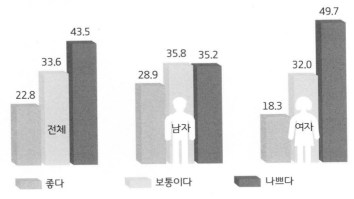

[건강상태에 대한 주관적 평가] 자료: 통계청 사회조사

늘어나는 진료비	건강보험 전체 진료비 중 65세 이상 고령자 진료비 약 40%

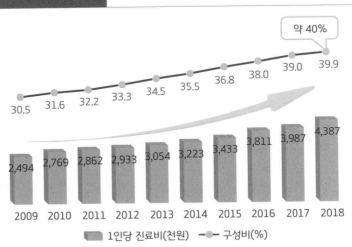

[고령자 진료비 구성비 및 1인당 진료비] 자료: 건강보험심사평가원 진료비통계지표

55~79세 연금수령자는 대상인구의 45.9%.
평균 연금수령액 월 61만원, 전년 대비 4만원 증가.

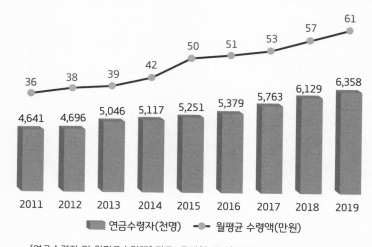

[연금수령자 및 월평균수령액] 자료: 통계청 경제활동인구조사 고령층부가조사

2장

점점 사라지는
중산층

중산층의 경제생활 뜯어보기

발은 중산층, 꿈은 중상층(中上層)

중산층의 기준은 무엇일까? 우리나라에서는 중위소득의 75~200% 구간에 해당하면 중산층으로 분류한다. 그럼에도 불구하고 대부분 중위소득의 150%는 넘어야 중산층이라고 생각한다. 실제 중산층에 속하는 10명 중 4명은 스스로를 하위층으로 인식한다고 하니 우리나라 중산층은 현실의 삶에 크게 만족하지 못하고 있는 듯하다.

스스로를 중산층으로 인정하지 못하는 것은 이상과 현실 사이에 괴리가 존재하기 때문이다. 중산층이 생각하는 이상적인 중산층의 재무적 조건은 4인 가구 기준으로 소득은 월 622만 원, 소비는 395만원이며, 총자산에서 부채를 제외한 순자산은 7억7,000만원으로 나타났다. 실제 중산층은 이상적인 중산층의 모습으로 중상층(中上層)을 그리고 있음을 알 수 있다.

📂 이상과 현실 차이 4억4,000만원

중산층을 대상으로 계층 인식을 물은 결과, 10명 중 4명은 스스로를 하위층으로 인식하고 있다. 지난 2017년(55.7%) 조사 때보다 감소되기는 했지만, 안타깝게도 이는 최근 OECD가 중산층의 기준을 중위소득 50~150% 구간에서 75~200% 구간으로 변경한 것을 반영한 결과이다. 중산층 인식비율은 소득요인이 주로 작용하는 것으로 보인다. 특히 결혼을 기점으로 중산층에 대한 인식비율이 많이 올라간 점으로 보아 결혼을 통해 중산층에 포함되었다는 심리적 안정을 얻는 것으로 추정할 수 있다.

총자산에서 부채를 뺀 중산층의 평균 순자산은 3억3,000만원으로 이들이 이상적으로 생각하는 순자산 7억7,000만원과는 4억4,000만원이나 차이가 난다. 세부 그룹별로 살펴보아도 보

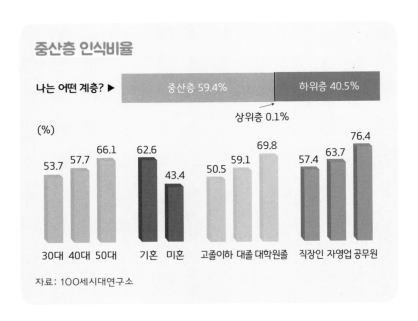

중산층 인식비율

나는 어떤 계층? ▶ | 중산층 59.4% | 하위층 40.5%

상위층 0.1%

(%)

53.7 57.7 66.1 | 62.6 43.4 | 50.5 59.1 69.8 | 57.4 63.7 76.4

30대 40대 50대 | 기혼 미혼 | 고졸이하 대졸 대학원졸 | 직장인 자영업 공무원

자료: 100세시대연구소

유하고 있는 순자산은 차이를 보여도 이상적인 중산층의 순자산은 30대를 제외하고 7~8억원 안팎에서 유사한 수준으로 나타났다. 2019년 통계청 기준 5분위 평균 순자산이 약 7억7,000만원이므로 우리나라 중산층은 순자산 기준으로 상위 20% 안에는 들어야 스스로를 중산층으로 인정하는 셈이다.

💳 아는 만큼 보는 만큼 더 쓰고 싶다

중산층이 보유한 금융자산은 평균 8,876만원으로 연령대가 올라갈수록 금융자산을 더 많이 보유하며 소득활동 기간이 길어질수록 금융자산도 증가하는 모습을 보였다. 학력별로는 소득수준이 높은 대학원졸이 상대적으로 많은 금융자산을 보유하고, 고졸 이하와 대졸은 비슷한 수준이다. 직업별로는 현금흐름이 불규칙한 자영업자가 현금흐름이 규칙적인 직장인이나 공무원에 비해 더 많은 금융자산을 보유하고 있는 것으로 나타났다.

중산층 가구의 월평균 소득은 488만원, 소비(생활비)는 227만원으로 소비율은 46.5%를 기록했다. 소득과 소비 모두 연령

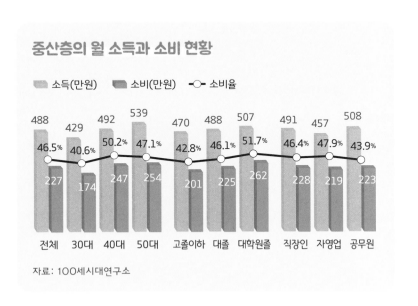

중산층의 월 소득과 소비 현황

소득(만원)　소비(만원)　소비율

	전체	30대	40대	50대	고졸이하	대졸	대학원졸	직장인	자영업	공무원
소득	488	429	492	539	470	488	507	491	457	508
소비율	46.5%	40.6%	50.2%	47.1%	42.8%	46.1%	51.7%	46.4%	47.9%	43.9%
소비	227	174	247	254	201	225	262	228	219	223

자료: 100세시대연구소

대와 학력, 가구인원 수와 비례관계를 보였다. 다만, 학력이 올라감에 따라 소득의 증가폭보다 소비의 증가폭이 좀더 크게 나타났다. 학력이 높을수록 자산관리에 더 신경쓰고 있을 것으로 예상했지만, 실상 소비성향 측면에서 보면 다소 의외의 결과이다. 많이 아는 만큼 쓰고 싶은 것도 많아지는 중산층이라 할 수 있다.

💳 중산층의 소비변화와 저축

중산층이 가장 많이 지출하는 생활비는 1위가 식비로 44.2%를 차지하고, 다음으로 30대는 주거비와 교통·통신비, 40~50대는 교육비와 주거비 순으로 연령대별로 다르게 나타났다.

주요 생활비를 복수 선택함에 따라 주거비 및 교통·통신비 선택 비율이 지난(2017년) 조사 때보다 많이 높아진 것을 볼 수 있는데, 주거비(19.2%)는 교육비(18.7%)를 제치고 2위를 차지했고, 교통·통신비(7.8%)도 상당 비중을 차지했다. 먹는 문제 다음은 사는 곳이고, 현대 생활에서 교통과 통신이 차지하는 비중도 적지 않음을 알 수 있다.

중산층은 생활비를 쓰더라도 소득의 평균 23.5%를 저축하고 있었다. 여기서 저축은 투자나 보험 및 연금을 포함한 것이라 실질 저축은 보다 낮을 수 있다. 여자가 남자보다 높은 저축률을 보이고, 연령대별로는 소비성향이 가장 높은 40대의 저축률(19.8%)이 가장 낮다. 통계적으로 보면 30대 대졸 여자 미혼 공무원의 저축률이 가장 높을 것으로 예상된다. 정리하자면 젊고 부양가족이 없을 때가 저축하기에 가장 좋은 시기라 할 수

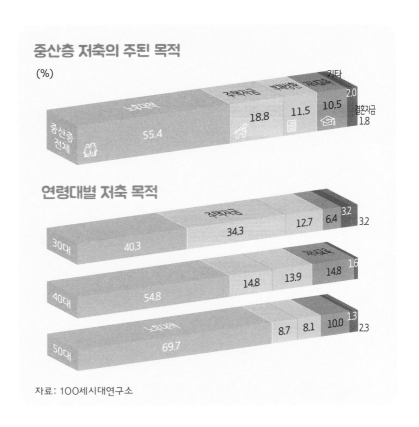

자료: 100세시대연구소

있다.

2017년 조사 때와 마찬가지로 저축의 주된 목적으로는 '노후대책(55.4%)'을 가장 많이 선택했다. 연령대가 올라갈수록, 가구원 수가 많아질수록 노후대책을 선택하는 비율이 올라갔다. 두 번째로는 '주택자금'을 많이 꼽았는데, 순위는 2017년과 같으나 선택 비율이 15.7%에서 18.8%로 3.1%p 상승했다. 특히 30~40대나 미혼의 '주택자금' 선택 비율이 많이 올라간 점은 최근 몇 년 동안 불었던 부동산 구입 열풍과 관련성이 적지 않아 보인다.

평균 부채 7,623만원

중산층은 평균 7,623만원의 부채를 보유하고 있는 것으로 나타났다. 연령대별로 40대가 8,797만원으로 가장 많은 부채를 보유하고, 50대는 평균 6,348만원의 부채를 보유해 은퇴를 앞두고 부채를 관리하는 모습이 나타났다. 기혼인 경우 미혼의 2배 가까운 부채를 보유하고 있는 것으로 보아 결혼을 기점으로 부채가 본격적으로 늘어나는 것으로 보인다.

그렇다면 월평균 얼마의 금액을 부채상환에 사용할까? 중산층은 한 달 평균 47만원을 부채 원리금 상환에 사용하고 있

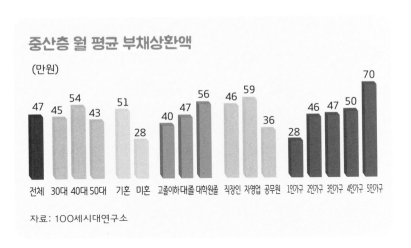

중산층 월 평균 부채상환액

(만원)

전체: 47
30대: 45
40대: 54
50대: 43
기혼: 51
미혼: 28
고졸이하: 40
대졸: 47
대학원졸: 56
직장인: 46
자영업: 59
공무원: 36
1인가구: 28
2인가구: 46
3인가구: 47
4인가구: 50
5인가구: 70

자료: 100세시대연구소

는데, 그룹별 부채 규모에 나타나는 특징과 유사한 모습을 보인다. 부채가 가장 많은 40대의 원리금 상환액이 월평균 54만 원으로 가장 많고, 결혼 여부에 따라 부채가 늘어나면서 부채 상환액도 함께 증가하는 모습이다. 직업별로는 자영업자의 부채상환액이 가장 많고, 가구인원 수가 많을수록 부채상환액도 증가했다.

자산관리가 곧 계층 사다리

자산관리를 하는 그룹은 순자산이 더 많고, 부채는 더 적으며, 저축률도 높게 나타났다. 그만큼 자산관리가 가구경제에 긍정적으로 작용하는 것으로 보인다. 자산관리의 효과는 소득 수준에 관계없이 중산층뿐만 아니라 하위층이나 상위층에서도 유사하게 나타났다. 같은 소득수준이라도 자산관리 여부에 따라 가구경제에 차이가 발생한 것이다. 결국, 자산관리가 계층이동의 사다리 역할을 해줄 수 있음을 증명한 셈이다.

그런데 중산층 3명 중 2명꼴로 자산관리를 혼자 알아서 하고 있는 것으로 나타났다. 자산관리 상담자를 물어본 결과 67%는 본인이 직접, 26%는 가족과 함께 하고 있었는데, 특히 금융회사 임직원 등 전문가와 상담하는 경우는 3.2%에 불과했다. 금융교육 부족에 따른 주먹구구식 자산관리의 모습은 금융회

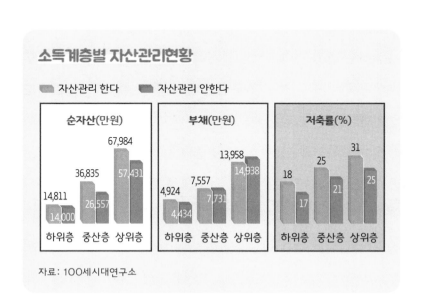

사에 대한 낮은 신뢰도 등을 원인으로 추정할 수 있다.

중산층, 겸손과 자격지심 사이

우리나라 중산층은 비교적 양호한 가구경제 상황에도 불구하고 상대적으로 높은 눈높이 때문에 스스로를 중산층으로 인정하지 않는다. 이 모습은 겸손과 자격지심 사이에 걸쳐 있는 것과 같다.

옛 선조들이 말하는 중산층의 모습은 먹고, 입고, 자는 것이 해결되고 하고 싶은 말을 하며 살 수 있으면 충분했다. 스스로를 중산층이 아니라고 낮추기보다 현재에 충실하고 더 나은 미래를 위해 노력해 간다면 이상적인 중산층의 모습은 물론, 상위층으로의 계층이동도 가능하지 않을까.

"은퇴 후가 자신없어요!"

📖 은퇴 후에도 중산층으로 살 수 있을까

지금은 중산층에 속하지만 은퇴하고 나면 도저히 현재생활을 이어갈 수 없을 것 같다고? 대한민국 중산층 10명 중 7명 가까이가 이같은 고민을 하고 있다. 설문조사에 따르면 실제 은퇴 후 예상 계층을 '하위층(48.7%)'으로 하락 혹은 '모르겠다(18.5%)'고 응답해 나만의 고민은 아님을 알 수 있다.

연령별로 은퇴 후 중산층 이상 예상비율을 보면 40대(26.4%)가 가장 자신없어 했고, 소득이나 학력에 비례해 은퇴 이후 중산층 유지에 대한 자신감이 올라갔다. 특히, 공무원의 61.8%가 은퇴 이후 중산층 이상을 예상하고 있어 노후에 대한 자신감은 무엇보다 안정된 직장과 연금이 필수조건임을 알 수 있다.

절반 이상 노후준비 안해

은퇴 후를 자신없어 하는 모습은 노후준비를 제대로 하고 있지 않은 현실에서 기인한다. 중산층의 노후준비 여부를 묻는 질문에 절반 이상(52.3%)이 '하고 있지 않다'고 응답했는데, 특히 50대보다 30~40대가 노후준비를 하고 있지 않았다. 일찍부터 장기적인 관점에서 노후준비를 하는 문화가 여전히 형성되지 못하고 있는 것이다.

3층 연금제도 가입현황도 13.7%에 불과하고, 2개 연금제도에 가입한 비율도 37.3%로 나머지 절반 가까이(49.0%)는 연금제도 1개만 가입했거나 하나도 없어 연금을 통한 노후준비가 미흡한 것으로 나타났다. 연령대별로는 은퇴가 임박한 50대(17.7%)가 가장 높았는데, 이미 3층 연금체계가 잡힌 이후 경제생활을 시작한 30~40대의 연금제도 활용수준은 매우 아쉽다. 고졸 이하나 자영업자의 경우 3층 연금 가입률이 매우 낮게 나타나 연금을 바탕으로 한 노후준비 교육이 시급해 보인다.

📇 필요노후자산 7억~9억원, 준비됐나요?

스스로 예상하는 노후생활기간은 평균 25.2년이었다. 2017 년 조사에 비해 은퇴연령, 기대수명 모두 늘어났으나 기대수명 이 더 많이 늘어나면서 노후생활기간은 23.2년이던 2017년에 비해 2년 증가했다.

노후생활기간은 여전히 소득수준과 정비례하는 것으로 나 타났다. 예상하는 은퇴연령은 소득수준에 관계없이 58세 수준 에서 비슷하게 형성되었으나, 소득수준이 올라감에 따라 기대 수명이 늘어나면서 노후생활기간이 늘어난 결과로 보인다.

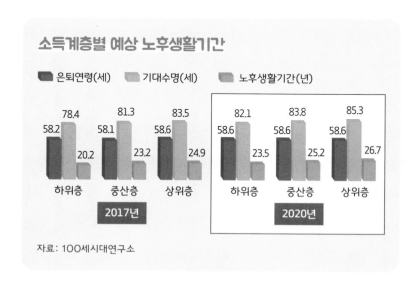

자료: 100세시대연구소

희망하는 월 노후생활비는 부부 2인 기준 279만원으로, 중산층 기준을 상향 조정하면서 2017년 월 227만원에서 52만원 증가했다. 소득에 따라 희망하는 노후생활비 수준이 올라가기도 하지만, 학력이 증가함에 따라 노후생활비 수준에 뚜렷한 차이가 나타났다. 직업별로는 안정된 연금이 예상되는 공무원이 월 316만원을 희망했는데, 이는 직장인이나 자영업자보다 훨씬 높은 수치이다.

중산층이 희망하는 월 279만원의 노후생활비와 59세라는 은퇴연령을 바탕으로 산출된 필요노후자산은 84세의 기대수

소득계층별 필요노후자산

구분		하위층	중산층	상위층
희망 월 노후생활비 (부부 2인 기준)		219만원	279만원	387만원
필요 노후 자산	① 기대수명 기준	5억2,560만원	6억6,960만원	9억2,880만원
	② 100세 기준	7억3,584만원	9억3,744만원	13억32만원
	차이(② - ①)	2억1,024만원	2억6,784만원	3억7,152만원

가정: 은퇴연령 59세, 기대수명 84세(노후생활기간 25년), 나이에 따른 노후생활비 감소 반영(59~70세 100%, 70~80세 70%, 80세 이상 50% 적용)
필요노후자산 = 월 노후생활비×12×노후생활기간

자료: 100세시대연구소

명 기준으로 6억6,960만원으로 7억원에 가까운 금액이다. 그러나 최빈사망연령이 90세까지 올라가는 요즘, 예상보다 훨씬 오래 살게 될지도 모르는 장수리스크를 대비해야 하는 것은 당연하게 보인다. 예상수명을 100세로 가정하면 중산층의 필요 노후자산은 9억3,744만원으로 증가하고 기대수명 기준과 비교했을 때 2억원 이상(2억6,784만원) 더 여유 있게 준비해야 그나마 안심할 수 있는 수준이 된다.

연금은 잘 들고 계신가요

예상하는 국민(공적)연금 월 수령액은 128만원으로 희망 노후생활비인 월 279만원의 절반 정도인 약 46%를 감당하며 효자 노릇을 하고 있다. 국민(공적)연금은 소득에 비례하기 때문에 연령 및 학력 등에서도 같은 관계를 보인다. 특히 중산층에 속하는 공무원은 상위층에 가까운 월 206만원의 공적(공무원)연금 수령이 예상되어 강제저축의 긍정적 효과를 보여주고 있다.

연금의 한 축인 퇴직연금의 평균 적립금은 4,847만원, 은퇴가 임박한 50대도 5,578만원으로 1년 소득수준에도 못 미쳐 노후자산 역할을 하기에 부족한 수준으로 나타났다. 다행인 점은 퇴직연금 수령방법에 대하여 연금으로 받겠다고 응답한 비율이 71%로 나타나 퇴직연금을 노후자산으로 생각하는 비율이 높아지고 있는 모습이다.

개인연금 월 납입금액은 19만원, 50대부터는 월 23만원으로 높아졌다. 그러나 연금의 장기 복리효과를 제대로 보기 위해서는 좀더 일찍부터, 좀더 많은 금액으로 적립해야 한다. 개인연금은 연령, 소득에 따라 납입금액이 올라가는데, 직업별로는 직장인과 자영업이 비슷한 수준이지만 공무원의 경우 월 납입액이 28만원으로 월등하게 많다. 결국 연금의 노후준비 효과를 잘 아는 사람들이 연금 적립을 더 열심히 하고 있었다.

중산층의 사적연금 적립금은 충분하지 못한데 대부분 안전성 위주의 운용방식을 선호해 연금자산 증가에 큰 도움이 되지 못하고 있다. 선호하는 사적연금 운용방식을 보면 76.5%가 원리금 보장 상품을 선호하고, 금융기관 선택에서도 80% 이상이 안전성 금융상품 위주로 다루는 은행 및 보험을 선호하고 있는 것으로 나타났다. 저금리 기조에도 불구하고 여전히 안전성 위주의 연금자산 관리를 하고 있는 것이다. 그러나 장기간 운용하는 연금의 성격상 적정 이상 수익률을 추구해야 하는데 투자형 상품을 활용하지 않아 충분한 연금자산을 만들기 어려워 보인다.

🗄️ 실제로는 2억원 이상 부족

중산층이 현재 상태로 연금을 적립할 경우 15년이라는 예상 노후준비기간 동안 연금으로만 만들 수 있는 노후준비자산은 4억6,512만원이다. 84세인 기대수명을 기준으로 필요노후자산 6억6,960만원에 못 미치지는 것은 물론 2억원 이상이 부족하다. 별도 노후대비용으로 마련한 금융자산 6,279만원을 더해도 1억4,169만원이 채워지지는 않는다. 100세 시대를 대비하기에 턱없이 모자라다.

소득계층별 노후준비자산

구분		하위층	중산층	상위층
노후준비자산	공적(국민)연금	1억6,416만원	2억9,184만원	4억9,020만원
	퇴직연금	5,016만원	1억2,167만원	2억5,433만원
	개인연금	2,040만원	5,161만원	1억2,413만원
	① 합 계	2억3,472만원	4억6,512만원	8억6,866만원
② 필요노후자산 (기대수명 기준)		5억2,560만원	6억6,960만원	9억2,880만원
부족금액(② - ①)		2억9,088만원	2억448만원	6,014만원

가정: 현재 나이 44세. 은퇴연령 59세(노후준비기간 15년)

자료: 100세시대연구소

이처럼 모자라는 노후준비자산을 위해 중산층은 일을 하며 해결하고자 하는데 대체로 은퇴 후 월 175만원 정도의 일자리를 희망하고 있는 것으로 나타났다. 이 희망소득은 성별에 따른 차이는 있으나 연령대별 차이는 크게 나타나지 않았다. 다만, 학력과 기존 소득수준에 따라 뚜렷한 비례관계를 보여 은퇴 전 소득수준이 은퇴 후 희망소득에 상당한 영향을 미치고 있는 것으로 보인다. 즉, 은퇴 전에 많이 번 이들은 좀더 많이 벌고 싶은 욕구를 가지고 있다.

중산층 노후준비지수 69점

앞서 구한 노후준비자산을 필요노후자산으로 나누어 노후준비지수를 산출할 수 있다.

노후준비지수(%) = 노후준비자산 ÷ 필요노후자산 × 100

기대수명 기준으로 본 중산층의 노후준비지수는 69.4%로 경제수명으로 환산해 보면 74세 이후의 노후생활비 조달이 어려운 상황이라고 볼 수 있다. 이대로는 중산층이 스스로의 예상대로 은퇴 이후 중산층을 유지하기가 어렵다. 3층 연금 활용도 측면에서 보면 국민연금에 대한 의존도가 너무 높고 퇴직연금 및 개인연금 같은 사적연금 활용도는 여전히 낮다. 수명이 연장되면서 노후생활기간도 길어지는 것을 감안하면 3층 연금을 중심으로 여유 있는 노후자산을 만들기 위한 적극적인 노력이 필요하다.

천 리 길도 한 걸음부터다. 아무리 큰일이라도 작은 일부터 시작된다. 짧은 기간에 준비하려면 너무나 어렵지만 충분한 기간을 가지고 조금씩 준비한다면 결코 어렵지 않은 일이 바로 노후준비다. 사회나 국가 지원을 기대하기에 앞서 개인의 노력을 통해 3층 연금을 잘 활용한다면 안정된 노후생활을 위한 기반을 만들 수 있다.

남은 퍼즐을 맞춰라!

🔲 노인은 몇 세부터일까

우리나라를 포함한 많은 나라에서 노인(老人)의 기준은 65세이다. 이 기준은 150년 전 독일이 통일되면서 비스마르크 수상이 1889년 세계 최초로 사회보험제도를 도입하고 노령연금 지급기준의 나이를 65세로 정한 것이 시초이다. 당시 독일의 기대수명은 49세였다. 그 후 UN이 이 규정을 따르면서 전세계적으로 통용되기 시작했다.

우리나라의 경우 노인의 기준에 대해 특별히 현행법으로 명

시한 바는 없지만, 1981년 노인복지법이 제정된 이래 현재까지 65세 이상을 노인의 기준으로 사용하고 있다. 하지만 설문조사 결과, 중산층이 생각하는 '일하기에 너무 늙은 나이'는 70.3세로 기존 노인의 기준과는 크게 달랐다. 중산층은 법정 정년 60세 이후에도 10년은 더 일할 수 있다고 생각하고 있는 것이다. 은퇴 후에도 충분히 일할 수 있다고 생각하는 만큼 은퇴 후 삶이 더 중요해지고 있다.

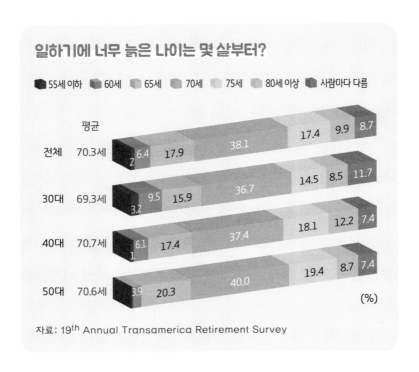

일하기에 너무 늙은 나이는 몇 살부터?

■ 55세 이하 ■ 60세 ■ 65세 ■ 70세 ■ 75세 ■ 80세 이상 ■ 사람마다 다름

	평균							
전체	70.3세	2	6.4	17.9	38.1	17.4	9.9	8.7
30대	69.3세	3.2	9.5	15.9	36.7	14.5	8.5	11.7
40대	70.7세	1	6.1	17.4	37.4	18.1	12.2	7.4
50대	70.6세		3.9	20.3	40.0	19.4	8.7	7.4

(%)

자료: 19th Annual Transamerica Retirement Survey

📖 '은퇴' 하면 떠오르는 단어들

중산층이 갖는 은퇴에 대한 인식을 살펴보기 위해 '은퇴'라는 말에 떠오르는 단어를 모두 선택하게 한 결과, 우리나라 중산층은 '은퇴'와 연관된 단어로 재정적 불안(68.9%), 건강쇠퇴(64.1%), 외로움(40.3%)을 꼽았다. 이렇게 부정적 인식이 전반적으로 높게 나타난데 비해 자유(31.3%), 스트레스 없는(16.5%), 즐거움(8.9%) 등 긍정적 인식은 낮았다. 우리나라 중산층에게 은퇴는 꿈꾸고 기다려지는 시기가 아니라 두렵고 피하고 싶은 시기라고 할 수 있다.

우리나라 중산층이 은퇴에 대한 부정적 인식이 높은 반면, 미국인들은 자유(55%), 즐거움(53%), 스트레스 없는(43%), 성취(35%), 기회(24%) 등 은퇴에 대한 긍정적인 인식이 두드러졌다.

은퇴가 두려운 한국과 달리 미국은 은퇴를 꿈꾸고 있다는 점에서 비교의 의미가 있다.

이제 우리는 은퇴를 두렵게 하는 재정적 불안, 건강쇠퇴, 외로움에 대비하고 은퇴 후 자유, 즐거움, 스트레스 없는, 성취감을 높일 수 있는 노후준비가 필요하다. 이를 위해서는 건강, 재무, 일·여가, 가족, 사회적 관계 등 다양한 영역에서 전반적인 노후준비 수준을 높여야 할 것이다.

행복한 노후의 기준 5가지

행복한 노후를 위한 5가지 요소를 건강, 재무, 가족, 일·여가, 사회적 관계로 구분하여 중산층의 노후준비를 살펴보자.

행복한 노후의 기준은 주관적이지만 중산층 10명 중 9명은 노후에 가장 중요한 것으로 건강(89.8%)을 꼽았다. 다음으로 절반이 넘는 사람이 재무(53.5%)를, 그 다음으로 가족(28.8%), 일·여가(24.9%), 사회적 관계(3%) 순으로 중요하게 생각하고 있다. 연령대가 높아질수록 건강, 일·여가, 사회적 관계의 중요성에 대한 인식이 높아지고, 가족의 중요성은 낮아지는 경향을 보인다. 한편 30대는 가족, 40대는 재무, 50대는 일·여가를 중요하게 생각하는 것으로 나타났다.

노후의 가장 큰 걱정은 역시 건강(83.7%)이었다. 이어 재무(75.7%),

일·여가(21.3%), 가족(13.5%), 사회적 관계(5.8%)를 꼽았는데, 특히 재무의 경우 노후에도 중요하다고 생각하는 수준(53.5%)에 비해 더 많이 걱정(75.7%)하는 것으로 나타나 중산층의 노후준비에 있어 역시 재무영역이 가장 취약한 것으로 보인다.

30대, 우선 시작부터 하라

중산층의 노후준비 성향을 연령대별로 살펴보면 30대의 노후준비 성향은 가족(65.2점)이 가장 높고, 그 다음으로 건강(64.0

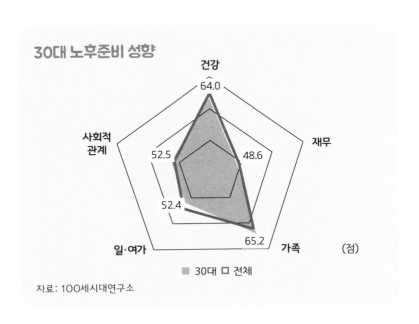

30대 노후준비 성향

건강
64.0

사회적 관계 52.5   48.6   재무

52.4

일·여가   65.2   가족   (점)

■ 30대 □ 전체

자료: 100세시대연구소

점), 사회적 관계(52.5점), 일·여가(52.4점), 재무(48.6점) 순으로 나타났다. 중산층 평균에 비해 가족이나 사회적 관계는 양호하지만 일·여가, 재무 영역의 노후준비 태도는 상대적으로 부족한 것으로 드러났다.

본격적으로 소득활동을 시작하는 30대는 자산관리 습관을 형성하는 중요한 시기이다. 경제적으로 안정된 노후를 보내기 위해서는 30대부터 자산관리체계를 만들고 꾸준히 관리해야 할 것이다.

40대, 가장 소비가 높은 연령대

40대 노후준비 성향은 건강(63.4점)이 가장 높고, 가족(62.0점), 일·여가(52.7점), 사회적 관계(51.2점), 재무(47.5점) 순이다. 일·여가를 제외한 모든 영역에서 30대보다 부족한 노후준비 태도를 보여 40대는 노후준비 성향이 가장 취약한 연령대라고 할 수 있다. 특히, 재무가 가장 취약한 부분으로 꼽혔는데, 실제 중산층의 경제현황을 살펴보면 40대의 경우 다른 연령대에 비해 소득 대비 소비 비율은 높고, 저축률은 낮은 상황이다.

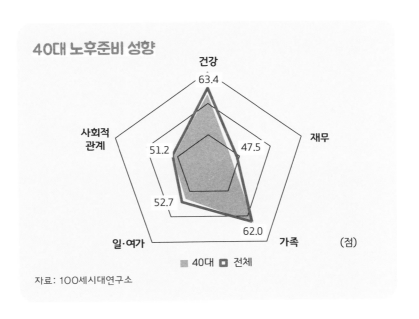

40대 노후준비 성향

건강
63.4

사회적
관계

재무

51.2

47.5

52.7

62.0

일·여가

가족 (점)

■ 40대 ◻ 전체

자료: 100세시대연구소

🗟▸ 50대, 가족 및 사회적 관계에 신경 써라

50대 노후준비 성향은 40대와 마찬가지로 건강(67.2점)이 가장 높고 가족(60.9점)이 다음을 이었다. 중산층 전체 평균에 비해 건강, 재무, 일·여가는 양호하지만 가족이나 사회적 관계 영역의 노후준비 태도는 상대적으로 취약한 것으로 나타났다. 50대는 그동안 건강, 재무, 일·여가에 주의를 기울였다면 앞으로는 행복한 노후를 위해 가족 및 사회적 관계에 신경써야 할 차례이다. 은퇴 후 원만한 관계는 외로움을 극복하고 삶의 윤활유가 되어줄 수 있기 때문이다.

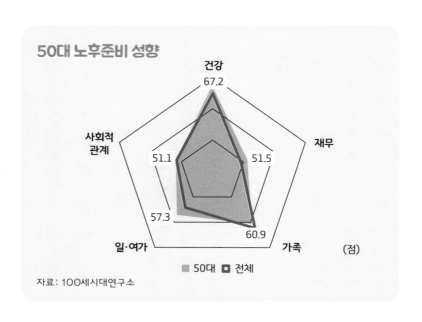

50대 노후준비 성향

건강 67.2
재무 51.5
가족 60.9
일·여가 57.3
사회적 관계 51.1

(점)

■ 50대　□ 전체

자료: 100세시대연구소

📂 균형 있는 노후준비 필요

최소량의 법칙에 따르면 여러 개의 나무판을 잇대어 만든 통이 있을 때, 나무 통에 채워지는 물의 양은 높이가 가장 낮은 나무판에 의해 결정된다고 한다. 이 최소량의 법칙은 노후준비와도 일맥상통하다. 건강, 재무, 가족, 일·여가, 사회적 관계 가운데 단 하나라도 부족하면 노후에 대한 행복도가 낮을 수 있다. 5가지 영역에 대한 균형 있는 준비가 행복한 노후를 맞게 할 것이다.

노후준비, 가장 부족한 부분 높여야

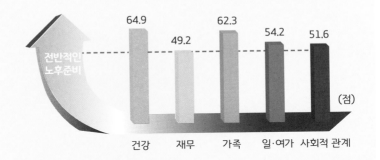

자료: 100세시대연구소

중산층의 노후준비 성향1. 건강

건강이 노후의 '삶의 질' 결정

중산층이 노후에 가장 걱정하는 영역은 '건강'(83.7%)인 것으로 나타났다. 노후준비 하면 돈을 생각하지만, 오히려 더 중요한 것은 건강일 수 있다. 건강이 안 좋으면 '삶의 질'이 떨어지며 경제적으로도 큰 손실이다.

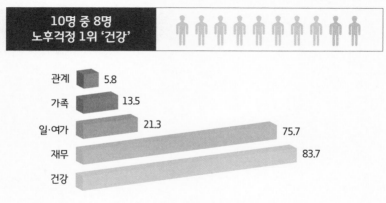

[노후준비에 가장 걱정되는 영역(복수응답, %)]

삶의 질을 반영하는 건강지표, 건강수명

건강수명이 평균수명보다 중요하다. 한국인이 주관적으로 평가한 건강수명은 69세로 여자는 16.7년간, 남자는 10.6년간 병치레 기간을 보내는 것으로 나타났다. 건강수명은 질병이나 장애없이 건강하게 살 수 있는 기간으로 삶의 질을 반영하는 건강지표이다.

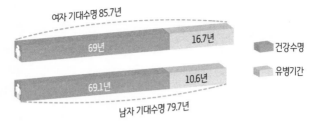

여자 기대수명 85.7년

69년　　　16.7년

69.1년　　　10.6년

남자 기대수명 79.7년

■ 건강수명
■ 유병기간

[건강수명과 유병기간]

'건강에 대한 주관적 평가'는 양호

중산층의 '건강에 대한 주관적인 평가'는 '보통 이상'이 10명 중 8명(86.5%)으로 양호했다. 하지만 소득수준과 학력이 낮을수록, 기혼보다는 미혼이 '건강이 나쁘다'고 평가한 비율이 높은 경향을 보인다.

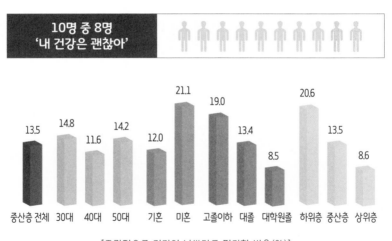

10명 중 8명
'내 건강은 괜찮아'

13.5 중산층 전체
14.8 30대
11.6 40대
14.2 50대
12.0 기혼
21.1 미혼
19.0 고졸이하
13.4 대졸
8.5 대학원졸
20.6 하위층
13.5 중산층
8.6 상위층

[주관적으로 건강이 나쁘다고 평가한 비율(%)]

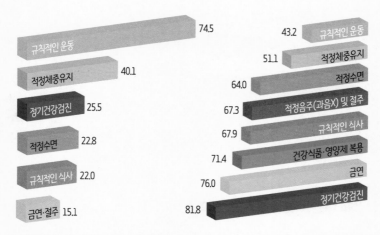

[가장 중요하게 생각하는 건강관리 방법
(복수응답, %)]

규칙적인 운동 74.5
적정체중유지 40.1
정기건강검진 25.5
적정수면 22.8
규칙적인 식사 22.0
금연·절주 15.1

[중산층의 건강관리 참가율(%)]

규칙적인 운동 43.2
적정체중유지 51.1
적정수면 64.0
적정음주(과음X) 및 절주 67.3
규칙적인 식사 67.9
건강식품·영양제 복용 71.4
금연 76.0
정기건강검진 81.8

중산층이 건강관리 방법으로 가장 중요하게 생각하는 것은 '규칙적인 운동'(74.5%)이지만, 실천은 43.2%로 가장 낮게 나타났다. 정기적인 운동을 하고 있는 비율 또한 10명 중 4명(43.2%) 선에 머물고 있는데, 소득수준이 높을수록 규칙적인 운동 참가율이 증가했다.

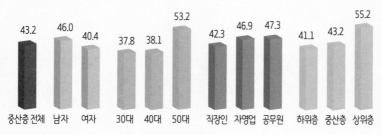

중산층 전체	남자	여자	30대	40대	50대	직장인	자영업	공무원	하위층	중산층	상위층
43.2	46.0	40.4	37.8	38.1	53.2	42.3	46.9	47.3	41.1	43.2	55.2

[주3회(회당 30분) 이상 정기적인 운동을 하고 있다(%)]

10명 중 4명
'정기적인 운동'

소득격차가 건강 격차로 나타나

규칙적으로 식사하고 있는 중산층은 10명 중 6명 이상(67.9%)이며, 결혼을 한 기혼자(69.5%)가 미혼자(59.9%)보다 규칙적인 식사를 하는 비율이 더 높았다. 또한 소득수준과 연령이 높을수록 더 높은 비율을 보인다.

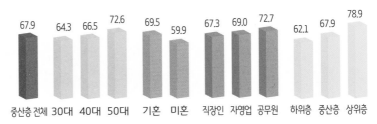

[식사는 거르지 않고 규칙적으로 하고 있다(%)]

중산층 절반은 과체중

체중이 많이 나가는 편이라는 중산층은 절반(48.9%) 수준으로 나타났다. 연령별로는 30대(51.9%)가 가장 높은데 불규칙한 식사, 낮은 운동 참가율이 주요 원인으로 추정된다. 또한 기혼자(50.5%)가 미혼자(41.4%)보다 응답비율이 높은데, 이는 결혼 후 안정된 생활이 영향을 준 것으로 보인다.

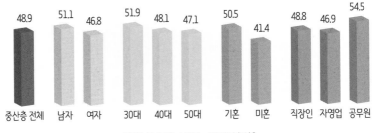

[체중이 많이 나가는 편이다(%)]

'평소 적정수면을 취하고 있다'는 비율은 10명 중 6명(64.0%)이며, 직업별로는 공무원(80.0%)이 가장 높았다. 또한 소득수준이 높을수록 적정수면을 취하는 비율이 증가하였다.

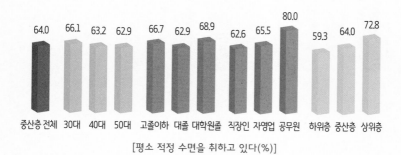

[평소 적정 수면을 취하고 있다(%)]

건강관리를 위해 건강식품이나 영양제를 먹고 있는 중산층은 10명 중 7명(71.4%)으로 높은 비율을 보인다. 상위층(82.3%)과 대학원졸(75.5%)이 가장 높은 비율을 보여 소득과 학력이 높을수록 건강에 유익한 식품이나 영양제를 챙겨 먹는 비율이 더 높은 것으로 나타났다.

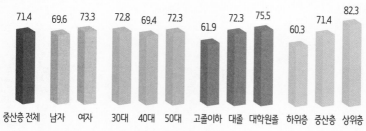

[건강식품이나 영양제를 복용하고 있다(%)]

40대 남성 직장인, 흡연·과음 비율 가장 높아

중산층의 흡연율은 24%, 과음율은 32.7%로 양호한 수준이다. 그러나 40대의 흡연(28.4%), 과음(39.4%)이 가장 높으며, 직장인의 흡연(24.9%), 과음(34.4%)이 자영업, 공무원에 비해 높게 나타났다. 통계적으로 보면 40대 남성 직장인의 흡연, 과음 비율이 가장 높으므로, 건강관리에 더욱 주의가 필요하다.
(과음: 주1회 이상 소주 5잔 또는 맥주 3병 이상을 하고 있다)

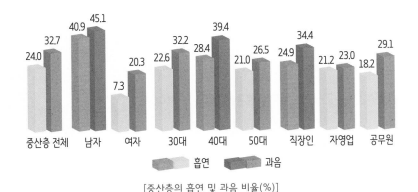

[중산층의 흡연 및 과음 비율(%)]

50대 들어 만성질환 늘어나

중산층의 만성질환 보유비율은 10명 중 2명(20.2%)으로 양호한 편이다. 그러나 50대(27.7%)에 급증하는 모습을 보인다. 운동부족, 식습관, 비만, 흡연 등 생활습관과 관련된 질병인 만성질환은 50대에 본격적으로 드러난다.
또한 학력과 소득수준이 낮을수록 만성질환 보유비율이 증가한다. 사회경제적 지위가 낮은 사람들은 '정기적인 운동'과 '규칙적인 식사'를 하는 비율이 낮아 생활습관의 차이가 건강격차로 이어지고 있음을 알 수 있다.

[고혈압, 당뇨 등 만성질환을 가지고 있다(%)]

규칙적인 운동으로 건강수명 늘리도록 노력해야

☑ 노후의 '삶의 질'을 높게 유지하려면 젊을 때부터 '건강수명'을 늘리도록 노력해야 한다.

☑ 완치가 어렵고 장기간 치료와 관리가 필요한 만성질환은 사전예방이 중요하다.

☑ '규칙적인 운동' '적정체중 유지' 및 '올바른 식습관'을 실천하려는 적극적인 자세가 필요하다.

중산층의 노후준비 성향 2. 재무

현재의 편안함은 미래의 불행

중산층이 생각하는 은퇴연령은 59세, 기대수명은 84세로 노후기간은 25년
이다.

	예상 은퇴연령	예상 기대수명
전체	58.6세	83.8세
30대	57.7세	84.6세
40대	58.6세	83.2세
50대	59.6세	83.7세

노후기간 25년

[중산층 예상 은퇴연령 및 기대수명]

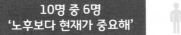

**10명 중 6명
'노후보다 현재가 중요해'**

중산층의 61.0%는 현재생활 대비 노후준비의 중요성을 간과하고 있었다.
미래도 결국 현재의 삶으로 다가올 것임을 잊지 말아야 한다.

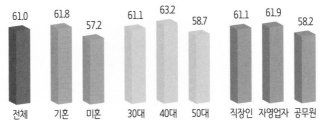

전체	기혼	미혼	30대	40대	50대	직장인	자영업자	공무원
61.0	61.8	57.2	61.1	63.2	58.7	61.1	61.9	58.2

[미래의 노후생활보다 현재 삶의 질이 더 중요하다(%)]

목적자금 별도 관리 미흡

목적자금을 따로 관리하는 중산층은 38.8%로 상당히 미흡했다. 자녀교육비, 결혼지원자금 등은 특정기간, 특정시점에 목돈이 들어가기 때문에 미리미리 별도로 관리하지 않을 경우 재무적으로 곤란한 상황에 처할 수 있다.

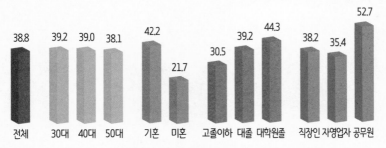

[자녀교육, 결혼지원 등 목적자금은 따로 관리하고 있다(%)]

장수리스크 대비도 부족

중산층의 36.2%만이 장수리스크에 대비하고 있었다. 여자의 평균수명이 남자보다 길고, 자영업자는 공무원이나 직장인보다 연금체계가 약한 점을 고려하면 여자와 자영업자가 소폭이나마 재무적 대비를 하고 있는 점은 바람직해 보인다.

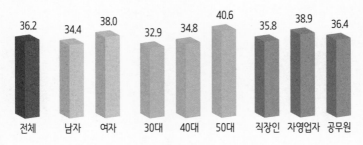

[예상보다 오래 살 경우를 대비한 재무적 준비를 하고 있다(%)]

소득절벽, 남 얘기 아니다 – 상위층이 은퇴대비 더 많이 해

'예상보다 은퇴시점이 앞당겨질 경우 재무적인 대비를 하고 있다'는 비율은 31.9%로 매우 미흡했다. 직업 안정성이 높은 공무원(40.0%)과 소득이 높은 상위층(55.6%)이 조기은퇴에 대한 대비를 더 많이 하고 있었다.

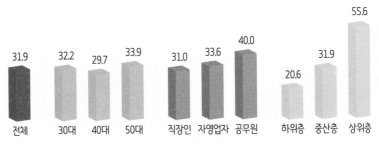

[예상보다 은퇴시점이 앞당겨질 경우를 대비한 재무적 준비를 하고 있다(%)]

자녀로부터 부양 기대 크지 않아

평균수명이 늘고 노인이 노인을 부양하는 전세대의 고령화 추세를 고려하면 자녀로부터의 부양을 기대하는 비율이 낮은 것은 바람직한 현상이다.

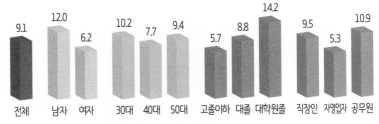

[노후에 자녀로부터 부양을 기대하고 있다(%)]

발등의 불, 노후준비

중산층의 51.7%는 노후준비를 제대로 못하고 있다. 50대가 주택마련, 자녀교육 등의 지출이 많은 30~40대보다, 직업 안정성이 높은 공무원이 직장인, 자영업자보다 노후준비 여력이 높은 것으로 나타났다.

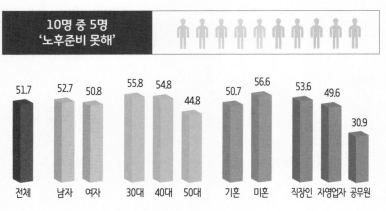

[현재 노후준비를 할 만한 여력이 없다(%)]

노후준비 방해 1순위 = 여전히 자녀교육

노후준비보다 자녀교육이 우선인 중산층은 46.5%로 상당히 높은 수준이다. 중고등학생 자녀가 가장 많은 40대가 다른 연령대보다 자녀교육이 우선이라는 비율이 높게 나타났다.

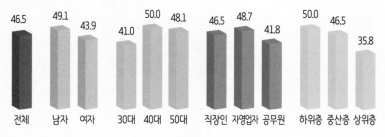

[노후준비보다는 자녀교육이 우선이다(%)]

은퇴하지 못하는 중산층 - 쉬고 싶어도 쉴 수 없다

'은퇴 후 일을 한다면 생활비 때문이다'라고 응답한 비율은 73.0%로 매우 높다. 선진국 대비 늦은 경제발전과 빠른 고령화, 미흡한 노령연금제도 등으로 한국의 은퇴자는 쉬고 싶어도 쉴 수 없는 상황이다.

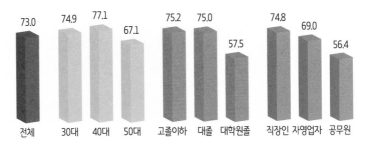

[은퇴 후 일을 한다면 생활비 때문이다(%)]

노후 준비, 걱정만 하지 말고 실천하자

☑ 금융감독원 통합연금포털, NH투자증권 100세시대연구소 홈페이지 등을 활용해 나의 재무적 상태와 노후준비수준을 측정해 보고 부족한 부분을 파악해 채워나가자.

☑ 국민연금, 퇴직연금, 개인연금 등 3층 연금을 적극 활용해 재정적으로 탄탄한 노후생활을 준비하자.

중산층의 노후준비 성향 3. 가족

초(超)핵가족화의 진행

전통적인 4인 가구 비율은 크게 감소하고 1인 가구 비율이 가장 높게 나타나 초(超)핵가족화의 진행을 보여준다. 결혼에 대한 인식변화, 황혼이혼, 고령화 등 다양한 원인으로 1인 가구는 앞으로도 계속 증가할 전망이다.

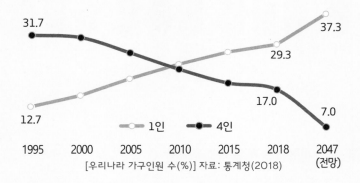

[우리나라 가구인원 수(%)] 자료: 통계청(2018)

배우자는 평생 동반자 – 경제적 여유는 배우자와의 관계도 춤추게 해

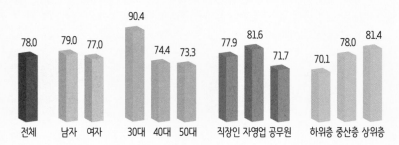

[배우자와 자주 대화하고 있다(%)]

자녀는 평생친구, 부모는 평생 지지자

배우자 다음으로 자녀와의 관계도 노후에 많은 영향을 미친다. 자녀와 자주 대화하는 있는 비율은 30대(91.5%)가 가장 높게 나타났으며, 부모의 연령이 높아질수록 점점 감소하는 것으로 나타났다.

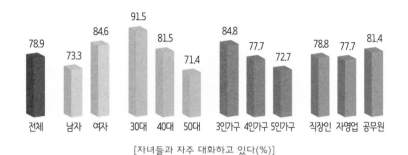

[자녀들과 자주 대화하고 있다(%)]

10명 중 9명
'부모와 자주 연락한다'

3인 가구 이상은 대부분 부모님과 한달에 한번 이상 연락하는 반면, 가장 낮게 나타난 1인 가구(79.2%)는 좀더 노력이 필요해 보인다.

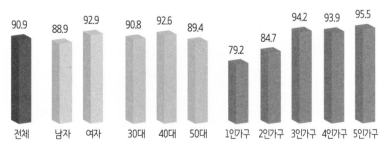

[부모님과 한달에 한번 이상 연락하고 있다(%)]

피는 물보다 진하다

'어려운 상황(건강, 금전적 어려움)에 도움을 받을 수 있는 친척이 있다'고 응답한 중산층은 50.8%로 나타났다. 이는 '어려운 상황에 도움을 받을 수 있는 친구가 있다'고 응답한 중산층(42.2%) 보다 높은 비율이다.

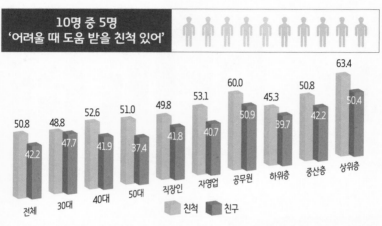

[어려운 상황에 도움 받을 친척 · 친구가 있다(%)]

남 이야기 같지 않은 고독사 - 가구인원이 적을수록 소득이 낮을수록 걱정

고령화와 핵가족화 등으로 파생된 고독사가 증가하고 현상을 반영하듯 '고독사가 남 이야기 같지 않다'고 걱정하는 중산층은 40.9%였다. 가구인원이

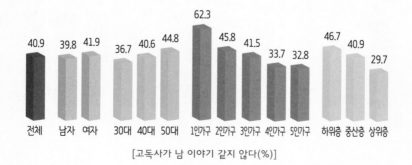

[고독사가 남 이야기 같지 않다(%)]

적을수록, 소득이 낮을수록 고독사를 걱정하는 비율이 높았는데, 1인 가구(62.3%)의 높은 응답률은 5인 가구(32.8%)와 약 29.5%p의 큰 격차를 보여준다.

또 하나의 가족, 반려동물

중산층의 20.8%가 반려동물을 키우고 있다. 배우자와 자녀 등 가족과의 대화가 다소 줄어드는 경향이 있는 50대(23.3%)의 비율이 높아 반려동물을 통해 외로움을 극복하려는 의도를 읽을 수 있다.

[반려동물이 있다(%)]

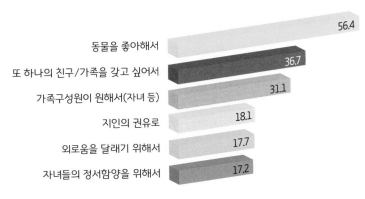

[반려동물 양육을 결정하는 이유(복수응답, %)]
자료 : 엠브레인트렌드모니터(2019년)

늘어난 여가시간 가족과 함께 할 취미를 늘려야

직장인의 51.3%가 2018년 7월 주52시간 근무제 도입 이후 '실제 여가시간이 증가했다'고 답한 만큼 과거에 비해 실제로도 근로시간이 줄어들고 있는 추세이다.

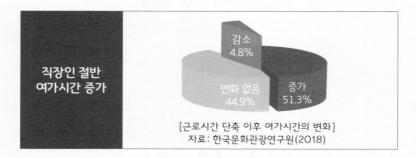

[근로시간 단축 이후 여가시간의 변화]
자료: 한국문화관광연구원(2018)

그러나 중산층의 32.4%만이 '가족과 함께 하는 취미활동이 있다'고 답했다. 여가를 즐길 수 있는 사회적 환경이 점차 갖추어지고 있으니 가족과 함께 즐길 수 있는 취미활동을 찾아보는 노력이 필요하다.

가족과 함께하는 노후생활을 위한 5가지

☑ 대화가 줄어드는 중년기 이전부터 배우자와 다양한 주제로 대화하는 노력을!

☑ 자녀세대와는 가치관의 차이를 인정하고 서로의 입장에서 대화를!

☑ 부모님께 자주 연락드려 '정신적 후원자'가 되어볼 것!

☑ 특별한 일이 없더라도 형제·자매나 친척에게 먼저 연락을!

☑ 1인 가구라면 이웃사촌이나 동호회 및 종교활동 등 '사회적 가족' 만들기

중산층의 노후준비 성향 4.일·여가

인생의 가치, 나이 들어 터득

'인생에 대한 가치있는 목표를 갖고 있다'는 물음에는 다양한 경험을 갖고 있는 50대의 비율(60%)이 다른 세대보다 높았다. 가구인원이 증가할수록 답변비율도 높아지는데, 소중한 사람들과 함께할 때 인생의 의미있는 목표를 설정하는 데 도움이 되는 것으로 보인다.

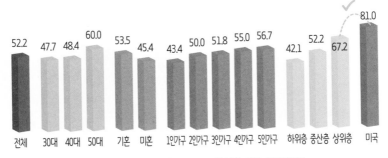

[인생에 대한 가치있는 목표를 확실히 갖고 있다(%)]
자료: Transamerica Center 2019

이와 비슷한 질문에 대해 미국인들은 '인생의 확실한 목표가 있다'고 81% 가 응답해 한국 상위층 67.2%와 비교하더라도 한국이 인생의 목표의식이 전반적으로 낮은 것으로 보인다.

나이 들어도 일은 멈출 수가 없어 – 경제적 노후준비 부족이 부른 결과

중산층의 80.8%는 60세가 넘어도 계속 일하고 싶어한다. 55~79세 노년층이 취업을 원하는 이유는 '생활비 보탬'(60.2%)이 가장 많아 노후생활에 경제적 부족을 채우는 것이 급선무임을 알 수 있다.

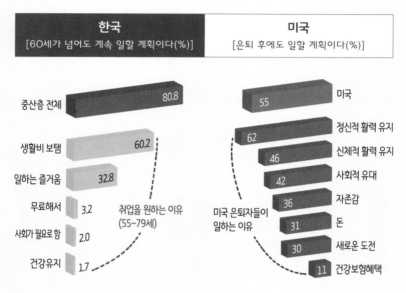

자료: 2019 고령자 통계(통계청), Transamerica Center 2019, Work in Retirement(Merrill Lynch)

은퇴 이후에도 일하고 싶다는 미국(55%)과 비교할 때 은퇴시점인 60세가 넘어도 일의 필요성을 느끼는 한국 중산층에게 진정 은퇴란 없어 보인다. 또한 미국 노년층이 일하는 이유로 활력 및 사회적 관계 유지가 상위를 차지하고 있어 생활비 보탬이 주 이유인 한국의 상황과도 비교된다. 한국의 경제적 노후준비가 부족한 것을 간접적으로 확인할 수 있다.

열심히 사는 중산층, 노후를 위한 자기계발은 아직 부족

제2의 직업에 대한 준비는 25.4%에 불과해 '60세가 넘어도 계속 일하겠다'
는 높은 답변(80.8%)에 비해 실질적인 준비는 매우 부족하다. 자산이 적어 더
열심히 노후준비를 할 것 같은 하위층보다 중산층이 제2의 직업을 위해 더
노력하는 것으로 나타났다.

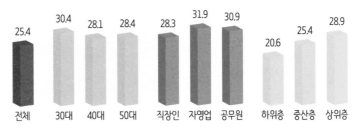

[제2의 직업을 위한 학습이나 훈련을 따로 하고 있다(%)]

10명 중 5명
'현 직업에 불안'

중산층의 절반(49.1%)은 현재 직업에 대해 안정성을 느끼지 못하고 있다. 일
은 계속 하고 싶은데 현 직업을 지속할 수 없다고 느낀다면 제2의 직업을 위
한 학습이나 훈련이 필요하다.

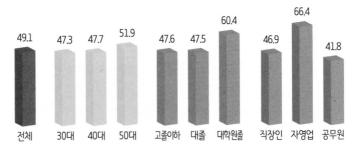

[현재 직업이 나이 들어도 지속 가능하다(%)]

삶의 여유가 없는 40대, 여가 만끽하는 공무원

현재 여가시간을 즐기거나(66.8%) 은퇴 후 여행을 계획하는데(67.4%) 40대가
가장 낮은 답변을 보여 여가시간을 충분히 즐기지 못하는 것으로 나타났다.

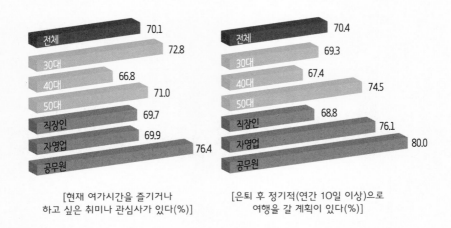

[현재 여가시간을 즐기거나
하고 싶은 취미나 관심사가 있다(%)]

[은퇴 후 정기적(연간 10일 이상)으로
여행을 갈 계획이 있다(%)]

두 항목 모두 공무원의 답변비율이 높다. 근무시간이 일정하고 은퇴 후 연
금수령의 든든함이 심리적 안정으로 연결되어 여가시간에 집중할 수 있기
때문으로 해석된다. 반면 직장인은 상대적으로 마음의 여유가 없어 보인다.

함께 사는 50대, 혼자 즐기는 30대

은퇴 후 봉사활동에 대해서는 50대가 가장 높은 긍정률(57.7%)을 보인 반면
30대는 가장 낮은 비율(40.3%)을 보인다. 주로 혼자 시간을 보낼 수 있는 TV,
스마트폰, 게임 등으로 여유시간을 보내는 연령은 역시 30대(79.5%)가 가장
높았고, 50대(64.2%)는 가장 낮았다. 사람들과 시간을 보내는 데 익숙한 50대
와 개인주의적 성향이 두드러지는 30대의 연령적 특성이 보인다.

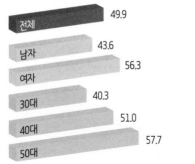

[은퇴 후 봉사활동에 관심 있다(%)]

[평소 TV, 스마트폰, 게임 등으로
대부분의 여유시간을 보낸다(%)]

미래의 은퇴생활은 그래도 낙관적

우리나라 중산층은 전반적으로 은퇴 후에 생활이 많이 어렵지 않을 것이라
고 긍정적으로 생각하고 있다. 은퇴 후에도 여가를 즐기기 힘들 정도는 아
닐 것이라는 반응이다. 특히 은퇴를 앞두고 있는 50대가 가장 낙관적인 반
응을 보인다. 60세가 넘어서도 일하고 싶다는 중산층의 주요 이유가 경제적
필요라는 통계를 생각하면, 지금의 낙관이 막연한 기대감은 아닌지 객관적
인 상황체크가 필요하다.

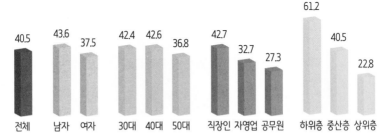

[은퇴 후에도 먹고 살기 바빠 여가를 즐기기 힘들 것 같다(%)]

은퇴 후 남자는 배우자와 함께, 여자는 로망을 찾아서

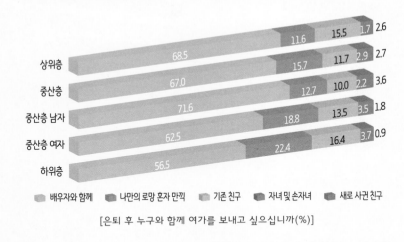

[은퇴 후 누구와 함께 여가를 보내고 싶으십니까(%)]

배우자와 함께　나만의 로망 혼자 만끽　기존 친구　자녀 및 손자녀　새로 사귄 친구

상위층: 68.5 / 11.6 / 15.5 / 1.7 / 2.6
중산층: 67.0 / 15.7 / 11.7 / 2.9 / 2.7
중산층 남자: 71.6 / 12.7 / 10.0 / 2.2 / 3.6
중산층 여자: 62.5 / 18.8 / 13.5 / 3.5 / 1.8
하위층: 56.5 / 22.4 / 16.4 / 3.7 / 0.9

나이듦도 배워야 한다. 오늘은 워라밸, 내일은 스라밸

☑ 노후에 대한 로망과 불안감 공존. 이에 대한 적극적인 준비는 부족하다.

☑ "당신이 지금 살아가는 방식이 노년과 은퇴 후에 맞을 삶의 방식을 결정한다." – '인격 의학'을 주창한 폴 투르니에 《노년의 의미》

☑ 나이는 저절로 들지만 안정된 은퇴의 삶은 저절로 만들어지지 않는다. 노년의 가치와 목표를 고민하여 지금부터 나이듦의 의미도 적극적으로 배워야!

☑ '스라밸' : 학교 공부에 치우친 청소년들을 위한 공부와 삶의 균형 → 나이듦의 가치를 인식하고 적극적인 준비와 공부가 필요하다는 점에서 전세대 필수 신조어로 부상

☑ 현재의 안정된 삶을 위해서는 워라밸이 중요하지만, 은퇴 이후의 워라밸을 위해서는 나이듦에 대한 진지한 태도, 즉 스라밸의 자세를 익혀야!

중산층의 노후준비 성향 5. 사회적 관계

중산층
보고서
○ × △

80년 동안 하버드에서 연구한 행복의 비밀

하버드대학교 성인생애발달연구팀의 장기연구 프로젝트 결과, 행복의 비밀은 부와 명예가 아닌 좋은 관계에 있었다. 가족, 친구, 공동체와의 '사회적 관계'가 좋은 사람이 더 행복하고, 신체적으로 건강하며, 더 오래 산다는 것이다. 반면, 사회적으로 고립될수록 덜 행복하다고 느끼며, 중년기에 건강이 더 빨리 악화되고, 뇌기능이 일찍 떨어지며, 수명이 짧은 것으로 나타났다.

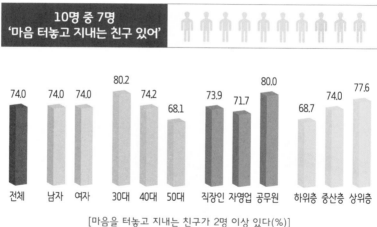

10명 중 7명
'마음 터놓고 지내는 친구 있어'

전체	남자	여자	30대	40대	50대	직장인	자영업	공무원	하위층	중산층	상위층
74.0	74.0	74.0	80.2	74.2	68.1	73.9	71.7	80.0	68.7	74.0	77.6

[마음을 터놓고 지내는 친구가 2명 이상 있다(%)]

중산층 10명 중 7명은 '마음을 터놓고 지내는 친구가 2명 이상 있다'고 답했다. 30대(80.2%)가 가장 높고, 연령대가 높아질수록 감소하는 경향을 보인다.

나이 들수록 어려운 상황에 도움 받을 친구는 줄어

그러나 '어려운 상황에 도움을 받을 수 있는 친구가 있다'고 응답한 중산층은 10명 중 4명(42.2%)으로 낮았다. 연령이 높아질수록 비율은 점점 감소하는 것으로 나타났다.

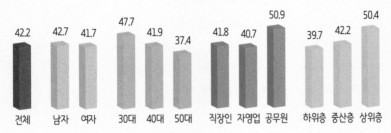

[어려운 상황에 도움을 받을 수 있는 친구가 있다(%)]

중산층의 인맥관리, 단체활동과 경조사 참석

중산층 3명 중 2명(65.7%)은 '지난 1년 동안 단체활동에 참여한 적이 있다'고 답했다. 연령대와 소득수준이 높을수록 참여율이 높아지는 경향을 보인다.

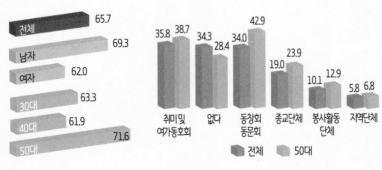

[중산층 단체활동 참여율(%)]   [지난 1년간 참여한 단체활동 참여율(%)]

중산층의 61.7%는 경조사에 빠지지 않고 참석하는 편이었다. 30대(66.4%)와 직장인(62.6%)의 비율이 가장 높았으며, 학력과 소득수준이 높을수록 비율이 증가하는 것으로 나타났다.

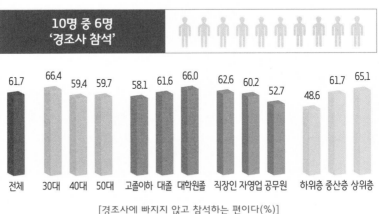

[경조사에 빠지지 않고 참석하는 편이다(%)]

나이 들수록 새 친구 사귀기 어려워

은퇴 후에는 직장 중심의 사회적 관계를 대체할 새로운 인적 네트워크를 만들어가는 것이 중요하다. 그러나 새로운 친구 사귀기를 좋아하는 중산층은 33.2%에 불과했다. 특히, 연령대가 높아질수록 어려워하는 경향을 보인다.

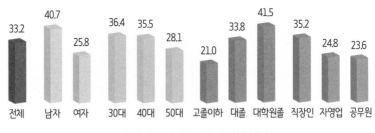

[새로운 친구를 사귀는 것을 좋아한다(%)]

모바일메신저, 관계 관리의 주요 수단

사회적 관계를 관리하는 주된 방법은 '카카오톡 등 모바일메신저'(47.4%)가 절반에 가까웠다. 직접 만나기보다 모바일메신저 단체채팅, 일명 단톡방을 통해 공통의 관심사를 가진 사람들과의 소통을 선호하는 것이다.

모바일메신저로 사회적 관계를 관리하는 비율은 여자(58.5%)가 남자(36.2%)보다 높았고, 30대(58.3%)가 가장 높았으며 나이가 들수록 낮아졌다.

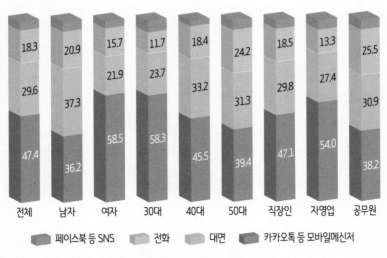

[사회적 관계를 관리하는 주된 방법(%)]

은퇴 후 직장 인맥을 대체할 동네 인맥 만들어야

☑ 은퇴 후 직장 인맥을 대체할 새로운 인적 네트워크를 만들지 못하면 개인의 사회관계망 크기가 축소된다. 회사를 다니면서 맺어졌던 인간관계는 퇴직 후 멀어지는 경우가 많다.

☑ 은퇴 후 활력 있고 즐거운 노후생활을 위해 기존 친구들을 유지하는 것도 중요하지만 직장 인맥을 대체할 새로운 동네 인맥을 만드는 것도 중요하다.

☑ 평소 관심있던 취미 및 여가활동 관련 동호회 가입, 교육 프로그램 참여, 자원봉사 및 종교활동 등을 통해 새로운 친구가 늘어나면 삶의 만족도도 높일 수 있다.

2부

연령대별
노후준비 전략

3장

노후준비 마지노선, 50대

대한민국 평균 가장 50대,
당신의 노후는 안녕하십니까?

💼 인생의 전성기는 몇 살일까

사람은 나이가 들어가기 마련이다. 누구나 성장을 하다가 정점을 찍고 서서히 늙어간다. 보통 사람의 신체적 능력은 20대 중반, 두뇌적 능력은 30대 초반이 정점이라고 한다. 그럼 종합적으로 보았을 때 인생의 정점은 언제일까?

미국의 한 설문조사에 따르면 세대별로 인생의 정점을 조금 다르게 보고 있었다. 밀레니얼세대(1980~1994년생)와 X세대(1965~1979년생)는 그들이 속한 나이인 36세와 47세, 베이비부머 세대(1944~1964년생)와 침묵세대(1943년생 이전)는 그들보다 젊은 나이인 50세와 52세를 인생의 정점이라 했다. 결과적으로 50대 초반 정도가 인생의 정점이란 얘기다. 그런데 인생 정점에 있는 우리나라 50대는 '은퇴'라는 중요한 이벤트를 앞두고 있다. 대한민국 평균 가장 50대의 노후준비 상황은 안녕한지 관련 통계들을 통해 살펴보자.

📠 50대 가구 여유자산 3,000만원

경제상황부터 살펴보자. 가구주 연령대별로는 50대 가구가 평균 4억9,345만원으로 가장 많은 자산을 보유하고 있다. 하지만 실물자산이 3억6,702만원으로 자산 중 74.4%를 차지해 비중이 너무 높다. 금융자산은 1억2,643만원에 불과한데 말이다.

부채상황은 어떨까? 50대 가구의 부채는 9,321만원으로 1억689만원의 부채를 가진 40대 가구 다음으로 높다. 총자산에서 부채를 차감한 순자산은 4억원을 겨우 넘는다. 부채 중 임대보증금이 25.3%이고, 금융부채는 평균 6,964만원로 74.7%의 비중을 차지한다.

50대면 은퇴까지 시간이 얼마 남지 않았는데 여유자산이라 할 만한 금액이 별로 없어 보인다. 금융자산에서 금융부채를

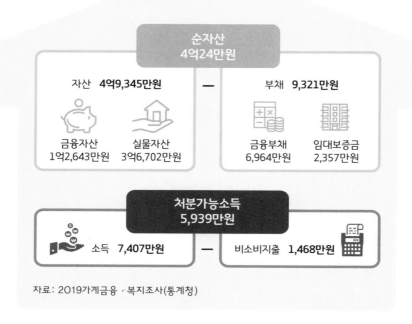

50대 가구의 경제상황

순자산
4억24만원

자산 **4억9,345만원** — 부채 **9,321만원**

금융자산 | 실물자산
1억2,643만원 | 3억6,702만원

금융부채 | 임대보증금
6,964만원 | 2,357만원

처분가능소득
5,939만원

소득 **7,407만원** — 비소비지출 **1,468만원**

자료: 2019가계금융 ·복지조사(통계청)

제외한 금액은 5,679만원으로 부채를 모두 갚는다면 3,322만원
밖에는 남지 않기 때문이다.

평균소득 1위, 40대에게 내어주다

50대 가구 평균소득은 연간 7,407만원이다. 2017년 이전에
는 항상 50대 가구의 소득이 가장 많았는데 2018년에는 40대

가구주 연령대별 자산 및 부채

(만원)

구분	총자산	금융자산	실물자산	부채	부채차감 금융자산
30세 미만	10,994	6,631	4,363	3,197	3,434
30대	32,638	10,707	21,931	8,915	1,792
40대	46,967	12,973	33,994	10,689	2,284
50대	49,345	12,643	36,702	9,321	3,322
60세 이상	42,026	7,912	34,114	5,222	2,690

자료: 2019가계금융 · 복지조사(통계청)

가구의 소득이 7,425만원으로 가장 많게 나타났다. 왜 연령대별 소득순위가 역전되었을까?

원인은 소득원천별 가구소득에서 찾을 수 있다. 50대 가구의 소득이 전년대비 증가하기는 했지만 증가율은 가장 낮다. 그래서 소득원천별로 살펴보니 근로소득이 늘어난 반면, 사업소득은 꽤 큰 폭으로 감소한 모습을 볼 수 있었다. 주된 직장에서 퇴직을 하면서 경제생활을 바로 중단하기는 어려우니 사업을 통해 소득을 창출하던 50대가 적지 않았을 것이다. 그런데 전체 인구에서 비중이 높은 베이비부머 세대가 퇴직자로 몰리면서 자영업 경쟁도 이전보다 심화될 수밖에 없으니 소득이 적더라도 다른 직장을 찾아 근로소득을 이어가는 50대가 많아졌을 것으로 추정된다.

늦춰지는 은퇴, 늘어나는 노후생활비

예상 은퇴연령을 살펴보면 2014년 66.2세에서 2019년 68세로 꾸준히 올라가고 있다. 수명이 길어지면 활동기간도 함께 길어지므로 예상하는 은퇴시기가 점점 늦춰지는 것 같다.

희망 노후생활비도 빠르게 늘어나고 있다. 적정 노후생활비

노후생활비와 예상 은퇴연령

■ 적정생활비(만원) ■ 최소생활비(만원) ━●━ 예상 은퇴연령

	2014	2015	2016	2017	2018	2019
예상 은퇴연령	66.2세	66.2세	66.9세	66.8세	67.5세	68.0세
적정생활비	247	254	264	276	283	291
최소생활비	168	177	183	192	197	200

자료: 2019가계금융·복지조사(통계청)

는 2014년 월 247만원에서 2019년 월 291만원으로 44만원 증가했고, 최소 노후생활비도 월 168만원에서 월 200만원으로 32만원 증가했다. 은퇴시기는 늦춰지고 있지만 노후생활에 대한 눈높이는 조금씩 높아지는 모습이다. 하지만 노후준비 상황은 썩 좋지 못하다. '아주 잘 되어있다' '잘 되어있다'를 모두 해도 8.6%에 불과하다. '보통이다'는 35.6%이고, '잘 되어있지 않다'와 '전혀 되어있지 않다'를 합산하면 55.7%로 절반이 넘는 50대가 노후준비에 매우 취약한 상황이다.

노후자산, 얼마나 필요할까?

은퇴 후 노후자산은 과연 얼마나 필요할까? 노후생활기간을 30년으로 가정하여 단순하게 계산했을 때 적정생활비 월 291만원을 기준으로 하면 약 10억5,000만원이라는 상당히 많은 노후자산이 필요하다. 눈높이를 많이 낮추어 최소생활비를 월 200만원으로 적용하더라도 7억원이 넘는다. 4억원을 겨우 넘는 50대 가구 순자산으로는 감당하기 어려워 보이는 금액이다.

그럼 노후준비를 포기해야 할까? 노후준비 상황을 체크해 보자. 어렵지 않으니 본인의 조건으로 직접 따라해 보자. 우선

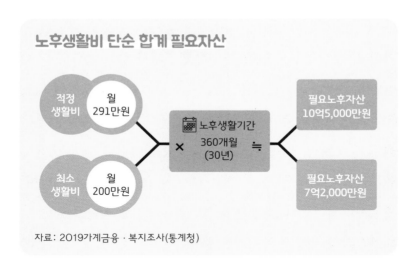

자료: 2019가계금융 · 복지조사(통계청)

나이 듦에 따른 활동성 저하를 고려하면 노후생활에 그렇게 많은 자산이 필요하지는 않다. 실제 60세 이상 소비지출통계를 10년 단위로 살펴보면 40% 안팎으로 소비감소가 나타난다. 따라서 단순 계산한 필요노후자산 금액의 60~70% 정도면 크게 부족하지 않을 것으로 보인다.

적정생활비 월 291만원을 기준으로 나이 듦에 따른 소비감소를 감안해 이를 60% 적용해서 필요노후자산을 다시 계산해보면 6억3,000만원이라는 상당히 줄어든 금액이 나온다. 여전히 적은 금액은 아니지만 사실 많은 사람들이 가입되어 있는 국민연금이 그 부담을 상당부분 덜어줄 수 있다.

🔖 국민연금이 있어 다행이다

2019년 9월 국민연금 수급자 평균수령액은 월 52만원이다. 30년 수령기준으로 총액을 환산해 보면 약 1억8,700만원에 해당한다. 가입기간이 20년이 넘은 이들은 월 평균 93만원을 받는다. 총액 기준으로 3억3,500만원 정도 노후자산에 대한 부담을 덜어준다. 가입기간이 30년 이상이면 정말 큰 도움이 된다. 월 평균 127만원을 수령하며 4억5,700만원의 노후자산 효과를 가져다주기 때문이다. 가입상황에 따라 다르지만 국민연금이 1억8,700만~4억5,700만원 정도의 노후준비 부담을 줄여주니

국민연금 반영시 필요노후자산

	총 필요노후자산	국민연금 월수령액	국민연금 예상합계	추가 필요노후자산
수급자 전체 평균	6억 3,000만원	52만원	1억 8,700만원	4억 4,300만원
가입기간 20년 이상		93만원	3억 3,500만원	2억 9,500만원
가입기간 30년 이상		127만원	4억 5,700만원	1억 7,300만원

자료: 국민연금공단(2019년 9월 기준)

추가로 필요한 금액은 1억7,300만~4억4,300만원 정도만 남는 셈이다.

퇴직연금도 노후자산

퇴직연금 적립금은 2019년 220조원을 돌파했고, 근로자 가입률도 50%를 넘어서며 어느덧 퇴직연금이 노후보장제도의 일환으로 자리잡아가고 있다. 전체적으로 완성되어가는 것처럼 보이지만 개인 입장에서는 아직 미완성이다. 집을 사야 한다고, 급하게 돈이 필요하다고, 금액이 얼마 안된다고, 이런저런 이유로 퇴직연금을 써버리고 있기 때문이다. 퇴직연금 역시 중요한 노후자산의 일부인데 여전히 많은 사람들은 그 중요성을 제대로 인지하지 못하고 있다.

근로자 평균 적립금 3,093만원과 50대 가구의 평균 근로소득인 월 435만원을 기준으로 5년 추가근무한다고 가정했을 때 퇴직연금 예상적립금은 5,300만원 정도에 불과하다. 중간정산을 받지 않고, 이직할 때 퇴직금을 쓰지 않았다면 근무기간 25년 기준으로 1억원 이상의 퇴직연금이 쌓여 있을 것이다. 아직 늦지 않았으니 퇴직연금을 노후자산으로 최대한 지켜가자.

📂 노후준비로 미흡한 연금저축

현재 개인연금으로 대표되는 것은 연금저축이다. 2019년 말 연금저축 적립금은 143조4,000억원으로 전년 대비 6.1% 성장하였고, 가입자도 566만1,000명으로 전년 대비 0.6% 증가했다. 하지만 연금저축 또한 노후준비제도로서 그 역할을 하고 있다기에는 아직 미흡해 보인다. 가입자당 평균 적립금 2,533만원에, 계약당 납입액 237만원을 5년 더 납입하는 것을 가정했을 때 예상되는 연금저축 적립금은 약 3,700만원으로 10년간 월 31만원 정도밖에 수령할 수 없기 때문이다. 노후생활비를 마련한다기에는 많이 부족한 수준이다.

연금저축은 적립금만 부족한 게 아니라 운용에도 대단히 소극적이다. 안정을 추구하는 보험이 105조6,000억원으로 적립금의 대부분인 73.6%를 차지하고 있어 소극을 넘어 방치 수준이다. 수익성을 추구하는 연금저축펀드가 조금씩 증가하고 있기는 하나 여전히 그 비중(10.1%)이 낮다. 저금리 환경에서 노후자산 증대라는 목적을 달성하기에는 심하게 보수적인 운용을 하고 있는 모습이다.

📖 50대 가구 노후준비지수, 몇 점?

필요노후자산과 평균적인 3층 연금 가입상황을 바탕으로 50대 가구의 노후준비지수를 산출해 보자.

적정생활비를 기준으로 조정된 필요노후자산은 6억3,000만 원이었다. 국민연금 수급자 평균수령액을 가정하면 3층 연금으로 준비된 노후준비자산은 2억7,600만원으로 노후준비지수 43.8%이다. 국민연금 가입기간을 20년 이상으로 가정하면 이는 제법 높아진다. 노후준비자산 4억2,400만원으로 67.3%라는 노후준비지수가 나온다.

처한 상황이 다르기 때문에 평균적인 노후준비 수준에 너무

50대 가구 노후준비지수 예시

국민연금 가입구분	총 필요노후자산	3층 연금 예상 합계	노후준비지수	부족금액
수급자 전체 평균		2억 7,600만원	43.8%	3억 5,400만원
가입기간 20년 이상	6억 3,000만원	4억 2,400만원	67.3%	2억 600만원
가입기간 30년 이상		5억 4,600만원	86.7%	8,400만원

자료: 국민연금공단(2019년 9월 기준), 통합연금포털(금융감독원)

신경 쓸 필요는 없지만, 국민연금을 제외하면 퇴직연금이나 개인연금으로는 노후준비가 정말 안 되어 있는 것이 50대가 직면하고 있는 현실이다. 지금까지는 연금으로만 산출한 수준이니 결과가 나쁘다고 크게 걱정하지 않아도 된다. 단, 노후준비는 연금으로 하는 방법이 가장 효율적이라는 것만은 기억하자.

당신의 노후, 안녕하십니까

앞서 산출해본 자료들은 연금제도를 중심으로 한 예시일 뿐이다. 연금으로 부족하다면 은퇴 후 일을 더하는 방법도 있고, 주택연금을 활용하는 방법도 있다. 하지만 은퇴를 앞둔 50대라면 노후생활을 위한 현금흐름이 어떻게 예상되는지 확인해 보아야 한다. 그래야 적절한 대응방안을 마련할 수 있다. 은퇴를 앞두고 노후를 준비하는 과정에 여러가지 요소를 챙겨야겠지만 그 중 재무적인 부분은 반드시 체크하자.

50대를 위한
오팔(OPAL) 자산관리 전략

오팔(Old People with Active Life) 세대가 온다

오팔(OPAL)은 활기찬 인생을 살아가는 노년층(Old People with Active Life)의 약자로, 2000년대 초반 일본에서 처음 소개되었다. 우리나라에서는 베이비부머를 대표하는 '58년 개띠'와 발음이 같아 베이비부머를 중심으로 하는 5060 액티브 시니어를 의미하기도 한다. 이들은 탄탄한 경제력과 안정적인 삶을 기반으로 은퇴 후에도 새로운 일에 도전하고, 여가생활을 즐기며, 사회활동에도 적극적으로 참여한다. 이들의 다채로운 행보를 모든

색을 가진 보석 오팔에 비유해 오팔세대라고 부르기도 한다.

　액티브 시니어로 활기찬 노후를 보내려면, 은퇴 후 자신이 원하는 삶을 영위하기 위해 필요한 노후생활비와 그에 따른 필요노후자산을 점검해 봐야 한다. 노후자산이 부족한데 너무 많은 생활비를 사용하면 빈곤해질 수 있고, 반면 노후자산은 여유 있는데 무조건 적게 사용하면 삶의 질이 낮아질 수 있다.

　금융감독원 통합연금포탈 및 금융회사에서 제공하는 노후준비진단 프로그램을 활용하면 쉽게 노후자산 준비현황을 점검해볼 수 있다. 점검결과 노후준비가 부족하다면 대응방안을 찾아 노후준비 수준을 높여가면 된다.

나의 노후준비지수는?

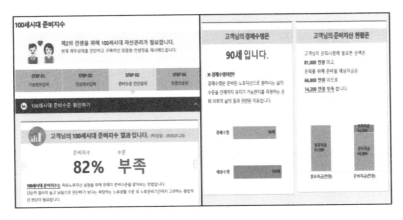

자료: 노후준비진단프로그램 '100세시대 준비지수'(www.nhqv.com/the100)

OPAL 노후자산관리전략

Old paradigm must be changed	노후자산의 패러다임을 바꿔라 - 노후자산규모보다 노후소득이 중요
Pension is basic	연금을 기본으로 노후소득을 만들어라
Add up income asset	인컴형 자산을 더하여, 노후소득을 늘려라
Let's cut down debt	부채을 줄여, 노후소득을 지켜라

자료: 100세시대연구소

노후자산관리에도 오팔(OPAL) 전략이 필요하다. 노후자산의 패러다임을 목돈 중심에서 소득 중심으로 바꾸고(Old paradigm must be changed), 연금을 기본으로(Pension is basic), 인컴형 자산을 더하여 (Add up income asset) 노후소득을 만들어야 한다. 부채를 줄여(Let's cut down debt) 지출부담을 줄이는 것도 중요하다.

노후자산의 패러다임을 바꾸자 - Old paradigm must be changed

기대수명의 증가로 은퇴생활기간이 길어지면서 '은퇴까지

얼마를 모아야 한다'가 아니라 '은퇴 후 매달 얼마만큼 현금흐름을 창출할 수 있느냐'가 중요해지고 있다. 이에 따라 노후자산에 대한 패러다임을 바꿔야 한다.

일단 고령화 · 저금리시대 노후자산은 '자산규모' 대신 '소득목표'를 세워야 한다. 은퇴기간 동안 생활수준을 안정적으로 유지하기 위해서는 규칙적이고 꾸준하게 발생하는 소득, 즉 현금흐름을 마련해 두어야 한다. 투자방식도 달라져야 한다. 저성장 · 저금리 투자환경이 고착화되면서 안전자산만으로는 자산을 불리기 쉽지 않다. 가격변동 위험은 있지만 투자자산을 통해 일정수준 이상의 수익을 추구해야 자산증대를 꾀할 수 있다. 연

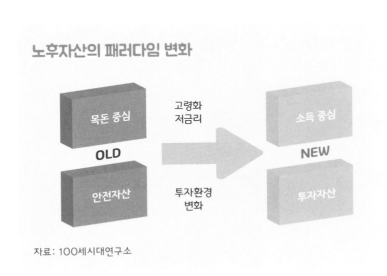

노후자산의 패러다임 변화

목돈 중심 OLD 안전자산

고령화 저금리

투자환경 변화

소득 중심 NEW 투자자산

자료: 100세대연구소

금 등 노후자산이 너무 안전자산에 치우쳐 있다면 투자자산 비중을 높여 기대수익을 높이는 방안을 제고할 필요가 있다.

💼 연금을 기본으로 노후소득을 만들자 – Pension is basic

가장 좋은 노후준비방법은 연금으로 노후소득을 만드는 것이다. 계획한 노후생활비를 연금으로 충당할 수 있다면 은퇴기간 동안 안정적인 생활을 유지할 수 있다. 노후자산에서 연금의 비중이 작다면 지금부터라도 수정해 가면 된다.

국민연금이 가장 먼저다. 은퇴를 앞두었거나 은퇴한 50대라

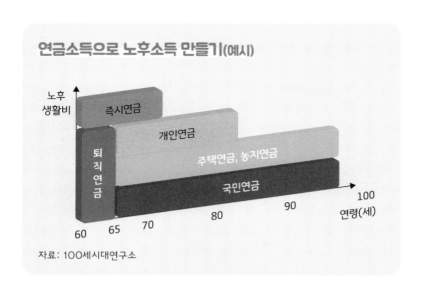

연금소득으로 노후소득 만들기(예시)

자료: 100세시대연구소

도 반환일시금 반납, 보험료 추후납부, 임의계속가입, 연기연금 제도를 활용해 국민연금 수령액을 늘릴 수 있다. 은퇴 전 소득이 있을 때 연금계좌 납입금액을 최대한 늘리는 방법도 있다. 특히 50대 이상은 2020년부터 3년 동안 연금저축 세액공제한도가 200만원 추가로 적용되므로, 연금저축을 적극 활용하는 것이 유리하다. 노후자산의 일부를 즉시연금 등의 연금상품으로 옮기거나, 주택연금 및 농지연금을 활용하는 것도 좋은 방법이다.

🪪 인컴형 자산을 더하여 노후소득을 늘려라 - Add up income asset

인컴형 자산이란 이자나 배당, 부동산 임대료 등 정기적인 '소득이나 수입(income)', 즉 현금흐름이 창출되는 자산을 말한다. 각종 채권과 고배당주, 리츠 등이 이에 해당한다.

인컴형 자산은 일반적으로 은행금리보다 조금 더 높은 연 3~5% 수익률을 추구하는 중위험·중수익 금융상품이다. 물론 금융투자상품이므로 가격변동에 따른 손실위험이 존재하지만, 노후자산을 안전자산으로만 구성하면 자산을 불릴 수가 없으니 길게 가져가기가 어렵다. 그러니 안전자산과 더불어 다양한 인컴형 자산을 조합하면 은퇴 후에도 일정수준 현금흐름을 월급처럼 만들어낼 수 있다. 투자경험과 지식이 부족하다면 인컴형 자산에 분산투자하는 '인컴펀드' 또는 '인컴형 ETF'에 간접 투자하는 것도 좋은 대안이다.

🗂️ 부채를 줄여 노후소득을 지켜라 - Let's cut down debt

은퇴 이후 소득이 없거나 대폭 줄어들게 될 상태를 감안한다면 부채는 적으면 적을수록 좋다. 부채로 인한 대출이자는 매월 고정비용으로 작용해 은퇴 후 현금흐름을 악화시키기 때문이다. 대출조건도 우호적이지 않다. 직업이 없는 은퇴자는 신용도가 낮아지기 때문이다. 인상된 금리를 적용하거나 대출한도를 줄이거나 대출상환을 요구할 수도 있다.

은퇴 전 본인의 자산과 부채 규모, 대출금리, 상환기간 등을 점검하고 은퇴 전까지 부채를 어떻게 갚아나갈지 구체적으로 계획하고 실행하는 것이 중요하다. 물론 대출금리보다 높은 수익의 투자처가 있다면 일정부분 대출을 활용할 수도 있다. 그러나 대출이자가 노후생활에 부담이 된다면, 투자보다 부채를 줄이는 게 우선임을 기억하자.

'점진적 은퇴'
성공을 위한 5가지 팁

📁 나이 50에 퇴직이라니…

우리나라 근로자의 절반 이상(53.7%)이 50대에 가장 오래 근무한 직장에서 퇴직하고, 저임금의 불안정한 고용상태에서 근로생애 후반기를 보내고 있다. 55~64세 취업 유경험자의 생애 가장 오래 근무한 일자리에서의 평균 근속기간은 15년 4.9개월이며, 가장 오래 근무한 일자리를 그만둘 당시 평균연령은 49.1세였다. 근로자들이 체감하는 정년은 사실 이보다 훨씬 짧다.

700만 명이 넘는 베이비붐 세대가 2015년부터 60세에 도달하기 시작하면서 이들의 퇴직이 본격화되고 있다. 이들은 고령의 부모를 부양하고 자녀를 양육해야 하는 이중부담으로 인해 본인의 노후준비는 충분히 하지 못하였다. 또한 학력수준이 높은 베이비붐 세대의 대량 퇴직으로 인해 재취업을 원하는 고령층의 비율은 앞으로도 계속 증가할 것이다.

하지만 취업을 희망한다고 해서 모든 중·고령자가 일자리를 갖는 것은 아니다. 일하기를 원하는 고령층 비율은 3명 중 2명이지만, 우리나라 65세 이상 고령자는 3명 중 1명만이 취업하고 있다.

피할 수 없다면 즐겨라! '점진적 은퇴'

평생을 직장중심으로 살아온 50대에게 은퇴는 갑작스런 역할 상실과 이에 따른 심리적 충격과 더불어 사회적 고립을 안겨주는 일생일대의 사건이다. 그러나 이를 완화시킬 수 있는 방법이 있다. 바로 '점진적 은퇴'이다.

생애 주된 직장에서 나오는 것을 '퇴직', 소득활동을 완전히 그만두는 것을 '은퇴'로 정의하면, 퇴직과 은퇴 사이가 점진적 은퇴기간이다. 점진적 은퇴로 근로기간을 늘리면 소득공백기간을 줄일 수 있으므로 모아놓은 자산을 생계비로 소진하는 속

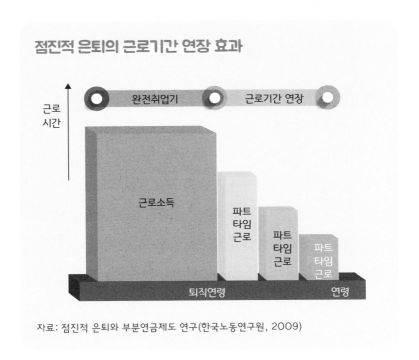

점진적 은퇴의 근로기간 연장 효과

완전취업기　　근로기간 연장

근로시간

근로소득

파트타임근로

파트타임근로

파트타임근로

퇴직연령　　　　　　　　연령

자료: 점진적 은퇴와 부분연금제도 연구(한국노동연구원, 2009)

도를 줄일 수 있다. 또한 일하는 시간을 줄여 퇴직 이후 생활에 대한 적응을 수월하게 하고, 제2의 인생설계를 위한 시간적 여유를 제공해 줄 수도 있다.

특히 우리나라처럼 연금제도가 아직 성숙되지 않아 국민연금 급여수준이 낮은 국가에서는 점진적 은퇴가 부족한 연금소득을 근로소득으로 보완할 수 있게 하므로 매우 효과적인 은퇴 방법이다.

📖 성공 Tip 1. 직장 다닐 때부터 제2의 인생을 설계하라

노후의 일자리는 양질의 일자리가 부족하고, 저임금의 비정규직 일자리가 대부분이다. 고령층 취업자의 직업별 분포를 살펴보면 단순노무종사자, 기능기계 조작 종사자, 서비스·판매 종사자, 농림어업 숙련 종사자의 순으로 비교적 단순한 업무 위주이다. 보다 양질의 일자리를 가지려면 직장에 있을 때부터 제2의 인생을 미리 설계하고 준비해야 한다. 미리 준비가 된 사람은 퇴직 후 충격도 덜하고 재취업에 성공하는 경우가 많다. 자신이 꼭 해보고 싶은 일을 '제2의 일자리'로 만들 수 있다면 가장 바람직할 것이다. 제2의 일자리를 본격적으로 준비해야 하는 골든타임을 놓치지 말자.

📖 성공 Tip 2. 재취업을 위한 사전교육과 준비가 필요하다

젊은 시절 취업을 위해 긴 시간의 교육과 노력이 필요했듯이 퇴직 후 재취업을 위해서는 더 많은 준비와 노력이 필요하다. 은퇴를 앞두고 관심있는 분야의 교육을 미리 받고 자신의 인생 후반전을 맡길 만한지 진지하게 점검할 필요가 있다.

과거에는 인적자본에 3년을 투자해 봐야 퇴직 후 몇 년 못

써먹기 때문에 효율성이 없었다. 하지만 이제는 3년을 투자하면 20년 이상을 써먹을 수 있을 만큼 평균수명이 길어졌다. 요즘은 사이버교육을 받을 수 있는 교육기관이 많고 그 영역도 다양하다. 3년 정도 퇴근 후와 주말을 활용해 자기계발에 투자하는 노력이 필요하다는 얘기다.

🏦 성공 Tip 3. 자신만의 주특기를 만들어라

젊은이들도 넘치는데 나이 50이 넘은 사람을 채용하려는 기업은 많지 않다. 재취업을 위해서는 자신만의 주특기(지식·기술·인맥)가 한 가지는 있어야 한다. 노후에 양질의 근로소득을 얻기 위해서는 단순근로직이나 소자본 창업보다는 한 가지 기술을 배우는 것이 좋다.

나는 회사를 퇴직하더라도 곧바로 재취업할 수 있는 주특기가 있는가? 그런 주특기를 갖기 위해 자신에게 어떤 투자를 하고 있는가? 스스로 질문해 보자. 만약, 퇴직 전에 미리 준비하지 못했다면 주된 직장에서 퇴직한 후 2년 정도 집중투자를 하는 방법도 있다. 대학의 관심 있는 학과에 편입하거나 직업훈련원에서 한 가지 기술을 배우는 것도 좋은 방법이다.

성공 Tip 4. 눈높이를 낮추고 체면을 버려라

퇴직 후에는 재취업 기회도 줄어들고, 보수가 많은 정규직보다 저임금의 시간제 일자리가 많다. 비정규직 근로자의 월평균 임금은 156만5,000원으로 정규직 근로자 임금인 284만3,000원의 55% 수준이다. 특히 비정규직 중 시간제 근로자의 월평균 임금은 80만원에 불과하다. 꼭 취업을 해야 하는 여건이라면 눈높이를 낮추고 체면을 버려야 한다. 기존에 근무하던 회사와 비교하지 않고, 자신의 나이를 고려하여 적합한 일자리를 찾아야 한다는 얘기다.

성공 Tip 5. 소득공백기에 대비하라

퇴직 후 국민연금을 수령할 때까지의 소득공백기에 대비해야 한다. 이 시기는 소득은 줄어들지만 자녀들이 대학을 졸업하기 전인 경우가 많아 자녀교육비 지출은 여전하다.

소득공백기에 대비하는 가장 좋은 방법은 근로기간을 최대한 늘려 국민연금 수령시점까지 계속 일하는 것과 퇴직연금과 연금저축을 가교연금으로 활용하는 것이다. 퇴직연금과 연금저축은 만 55세부터 수령할 수 있으므로 국민연금이 지급되기

전까지의 소득공백기에 가교연금으로 돌릴 수 있다. 또한 근로
기간 동안 연금저축과 IRP에 납입하면 노후준비도 하고 연말정
산 시 세액공제 혜택도 챙길 수 있다.

※ IRP(Individual Retirement Pension): 퇴직금을 하나의 계좌로 모아 관리할 수 있는
개인형 퇴직연금계좌. 매년 연금저축과 합산하여 연 700만원 한도로 세액공제 혜택을 받을
수 있다.(세액공제율: 총 급여액 5,500만원 이하 16.5%, 5,500만원 초과 13.2%)

은퇴 후 8만 시간, 삶의 만족도를 높여라

인생 후반전, 또 한번의 8만 시간

김병숙 교수의 《은퇴 후 8만 시간》에 따르면 한국인은 은퇴 전까지 8만 시간 정도 일한다고 한다. 그러나 은퇴 후에도 직장생활을 한 기간과 비슷한 8만 시간의 일할 수 있는 시간이 주어진다. 이는 은퇴자가 60세에 퇴직 후 100세까지 산다고 가정하고 하루 여가시간 11시간 중 절반을 일하는 데 투자한다는 경향을 반영하여 산정한 시간이다.

은퇴 후 8만 시간 = 11시간 × 365일 × 40년 × 50%

우리나라 근로자의 절반 이상(52.9%)이 50대에 가장 오래 근무한 직장에서 퇴직하고 있다. 요즘 같은 100세 시대에 50대는 인생의 반환점을 막 지난 것일 뿐인데 말이다. 이제 은퇴 후 직장생활을 한 기간과 맞먹는 또 한번의 8만 시간이 주어진다. 은퇴 후의 삶은 연장전이 아니라 인생 후반전이 되는 셈이다. 놀며 소일하기에는 너무 긴 세월이 아닌가.

통계청 2019년 사회조사결과에서 노후를 보내고 싶은 방법을 묻는 질문에 '취미활동'이 10명 중 6명으로 가장 많았지만, 현실은 다르다. 55~64세의 경제활동참가율이 2009년 61.8%에서 2019년 70.1%로 꾸준히 증가추세를 보이고 있으니 말이다.

수명이 늘어나니 국민연금 지급개시 연령도 65세로 연장되고, 정년도 연장되었다. 자녀양육비도 무시하지 못할 부담이 되니 취미활동하며 유유자적 보내고 싶어도 어쩔 수 없이 돈을 벌기 위해 일하는 사람의 비율이 증가하고 있다. 그러나 은퇴 후 삶의 만족도를 높이려면 발상의 전환이 필요하다.

일·여가 균형으로 삶의 만족도를 높이자

인생 후반기에 삶의 만족도를 높이려면 삶의 의미를 더해주는 일과 재미를 주는 여가활동이 균형을 이루도록 일의 범위를 확대하는 것이 좋다. 인생 후반기에는 임금이 지불되는 노동 이외에도 자원봉사, 취미활동, 무언가를 배우는 것 등이 모두다 일의 범위에 포함될 수 있다.

은퇴자들은 반나절 정도 일하고, 나머지는 운동을 하거나 친구들과 취미활동을 하고 관심있는 강좌들을 들으며 배우는 라이프 스타일을 선호한다. 일과 여가생활, 교육활동이 균형을 맞추어 이루어질 때 은퇴생활의 만족도는 당연히 높아진다.

최적의 여가 라이프 스타일을 만들자

은퇴 후 여가활동은 생활의 활력소가 되면서 행복감을 높여준다. 캐나다 캘거리대학교 로버트 스테빈스 교수는 '일상적 여가'와 더불어 한 가지 이상 '진지한 여가(Serious Leisure)'를 영위할 때 최적의 여가 라이프 스타일이 이루어진다고 했다. 진지한 여가는 기술을 배우고 익히는 데 수년간의 노력이 필요하지만, 어느 수준에 도달하면 높은 성취감을 경험하는 여가활동이다. 예술·스포츠 분야의 아마추어 여가활동과 취미 여가활동 및 자원봉사활동 등이 여기에 포함된다.

2018년 한해 동안 우리나라 국민들이 가장 많이 하는 여가

진지한 여가·일상적 여가의 특징

구분	진지한 여가	일상적 여가
종류	아마추어 여가활동, 취미 여가활동, 자원봉사 활동	산책, TV시청, 게임, 인터넷 검색, SNS 활동 등
기간	장기간 추구	단기간에 가능
보상	성취감, 자아실현	휴식, 재충전, 즐거움
필요지식	충분한 기술·지식·경험	최소한의 기술·지식·경험
경력	경력을 쌓을 수 있음	경력을 제공해 주지 않음

자료: 로버트 스테빈스 《진지한 여가(Serious leisure : a perspective for our time)》

활동은 TV시청(71.8%), 인터넷검색(36.7%), 쇼핑·외식(32.5%) 순으로 미디어를 이용한 여가활동 비중이 높다. 그러나 이같은 여가생활에 대한 만족도는 47.5%로 절반에도 못 미친다. 일상적 여가와 더불어 한 가지 이상의 진지한 여가활동을 하면 여가생활에 대한 만족도를 높일 수 있을 것이다.

일을 하는 다른 목적을 발견하자

은퇴 후에는 일에서 소득 이외의 다른 목적을 발견하는 것이 은퇴생활의 만족도를 높일 수가 있다. 단순히 금전적 이유 말고도 일하는 즐거움, 정신적·신체적 활력유지, 사회적 유대관계 유지, 새로운 도전 등 사고의 폭을 넓히면 더 많은 원인을 찾을 수 있다.

고령층으로 분류되는 55~79세 3명 중 2명은 장래에도 일하기를 원한다. 그 방법도 재취업, 창업, 귀농·귀촌, 사회공헌 등으로 확장되었다. 하지만 퇴직 후에는 재취업 기회도 줄어들고, 재취업을 하더라도 정규직보다 저임금의 시간제 일자리가 대부분이다. 노후에 양질의 근로소득을 얻기 위해서는 한 가지 기술을 배우거나 전문자격증을 취득해 재취업 기회를 만드는 것이 좋다. 퇴직 2~3년 전부터는 본격적으로 인생 2막 일자리에 대한 고민과 준비를 시작하자.

성취추구 클수록, 봉사활동 할수록 만족도 높다

세계 최대의 증권회사인 메릴린치는 일하는 미국 은퇴자를 4가지 유형으로 구분하고 은퇴 후 일에 대한 만족도를 조사하였다.

은퇴 후 일에 대한 만족도는 성취 추구자(84%), 봉사 추구자(75%), 균형 추구자(67%), 소득 추구자(43%)의 순으로 높았다. 성취 추구자는 은퇴 후에도 사업이나 직업에서 성취를 추구하는 사람이다. 봉사 추구자는 은퇴 후 공동체 사회를 위해 기여하려는 사람으로 일하는 은퇴자 중 33%로 가장 비중이 높다. 균형 추구자는 친교 및 사회적 유대를 위해 일하지만 금전수입도 필요한 사람이며, 소득 추구자는 은퇴 후 부족한 생활비를 벌기 위해 일하는 사람이다.

은퇴 후에는 꿈에 도전하거나 봉사활동을 하면서 삶의 만족도를 높일 수 있다. 베이비부머 세대는 교육수준이 높고 연금으로 최소한의 생활비를 충당할 수 있기 때문에 미국 은퇴자들처럼 다양한 가치를 위해 일하는 은퇴자가 증가할 것으로 보인다.

4장

생애자산관리의 승부처, 40대

떠오르는 40대, 4P를 챙겨라
1P - 연금(Pension)

40대는 자산관리의 승부처

역사 속에서 자랑스러운 승리 중 하나로 '안시성 전투'가 있다. 이전까지 당나라는 고구려를 상대로 승승장구했지만 안시성 전투에서 완패하며 고구려 정복을 포기할 수밖에 없었다. 안시성 전투가 당나라와의 전쟁을 승리로 이끈 결정적인 승부처가 된 것이다.

생애자산관리 관점에서 40대 역시 매우 중요한 승부처다. 노후준비를 위한 연금(Pension)을 포함하여 주택마련(Place)과 자녀사교육(Private education)까지 어느 하나 소홀할 수 없는 목표들을 모두 잘 챙겨야 하기 때문이다. 또한 풍요로운 인생 후반기를 위해 적극적으로 재산(Property)증식을 꾀하여야 하는 시기이기도 하다.

자산관리 고민 많은 40대

가구경제의 주축 30대부터 50대까지, 그 중에서도 40대가 가장 핵심 연령대이다. 30대는 경제생활을 시작한 지 얼마 안되었고, 50대는 퇴직을 앞두고 있지만, 40대는 대부분 온전하게 경제생활에 투입되고 있기 때문이다.

가구경제의 핵심인 40대의 가구경제 현황를 먼저 살펴보자. 2019년 기준 40대 가구는 평균 3억6,278만원의 순자산을 보유하고 있다. 금융자산 1억2,973만원과 실물자산 3억3,994만원으로 이루어진 총자산은 4억6,967만원이다. 부채는 1억689만원으로 금융부채 8,245만원과 임대보증금 2,444만원으로 이루어져 있다. 40대는 30대나 50대 대비 자산관리 성적에서 우위를 보이고 있다. 2018년 대비 순자산은 4.6%, 소득은 4.5% 각각 증가하였다. 특히 연간소득은 7,425만원으로 50대를 제치고 가장 많은 소득을 올리고 있다.

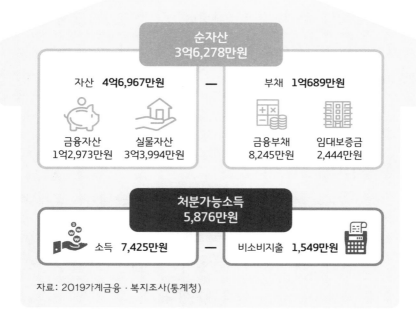

40대 가구의 경제상황

순자산
3억6,278만원

자산 **4억6,967만원** — 부채 **1억689만원**

금융자산	실물자산	금융부채	임대보증금
1억2,973만원	3억3,994만원	8,245만원	2,444만원

처분가능소득
5,876만원

소득 **7,425만원** — 비소비지출 **1,549만원**

자료: 2019가계금융 · 복지조사(통계청)

객관적인 수치로는 자산관리 성적이 양호해 보이지만, 생애 자산관리 측면에서 정말 많은 고민거리가 생기게 되는 연령대가 바로 40대이다. 그럼 40대 가구의 주요 고민거리는 어떤 것들이 있을까? 최근 실시한 설문조사에 따르면 40대 중산층 가구의 주된 저축목적으로는 노후대책(54.8%)을 1순위로 꼽았다. 다음으로 주택마련과 자녀교육(14.8%)이 공동 2위를 기록했고, 부채상환(13.9%)이 그 다음 순위를 차지한다.

연령대별 가구 순자산 및 소득

(만원)

구분	순자산			연소득		
	30대	40대	50대	30대	40대	50대
2018년	23,415	34,667	39,621	5,757	7,108	7,292
2019년	23,723	36,278	40,024	5,982	7,425	7,407
증감액	308	1,611	403	225	317	115
증감률	1.3%	4.6%	1.0%	3.9%	4.5%	1.6%

자료: 2019가계금융 · 복지조사(통계청)

순위를 매기기는 했지만 위에 언급한 목적들 중 어느 하나 중요하지 않은 것이 없다. 모두다 신경을 써야 하는 대상들이다. 40대 가구의 중요한 4가지 재무적 이슈, 4P를 어떻게 풀어 나가야 할지 하나하나 점검해 보자.

40대 연금준비는 필수불가결

국민연금은 당연한 준비이니 차치하고 사적연금 상황부터 살펴보자. 직장인 노후준비의 중심축으로 사적연금에 해당하는 퇴직연금과 연금저축의 적립금은 지속적으로 증가하고 있다. 퇴직연금 적립금은 2016년 147조원에서 2019년 221조

2,000억원으로 50.5%, 연금저축 적립금은 2016년 118조5,000억원에서 2019년 143조4,000억원으로 21% 증가했다.

퇴직연금의 연평균 적립금 증가율 또한 약 15%로 높은 수준을 유지하고 있다. 퇴직연금 적립금이 이토록 큰 폭으로 증가한 것은 DB형과 DC형(기업형IRP 포함)이 지속적으로 증가한 것도 있지만, 2019년 적립금 증가율이 32.4%에 이르는 IRP(개인형퇴직연금)의 영향이 크다. 2016년 12조4,000억원이던 IRP 적립금은 2019년 25조4,000억원으로 104.8% 증가했으니 말이다.

이에 비해 연금저축 연평균 적립금 증가율은 약 7.1%로 2017년 8.8%로 최고점을 찍은 후 떨어지고 있다. 연금저축 성장이 둔화되는 주요 요인은 원금보장을 허용하던 연금저축신탁이 금융투자업 규정 개정에 따라 2018년부터 신규 판매가 중지되고, 은행이 IRP 유치에 주력했기 때문이다. 또한, 퇴직 시 IRP에 퇴직금 입금이 의무화되고, 700만원까지 세제혜택을 단독으로 부여하는 등 IRP에 집중되는 지원 속에 연금저축 선호도는 상대적으로 낮아졌다.

퇴직연금, 실적배당형 비중을 늘리자

퇴직연금은 은퇴 후 수십 년 동안의 노후를 대비하는 차원에서 수익성 제고가 중요하다. 그런데 퇴직연금 수익률은 2016년 1.58%, 2017년 1.88%, 2018년 1.01%, 2019년 2.25% 등 단기적으로는 물가상승률을 하회하는 경우도 있다.

그러나 장기 수익률은 단기 수익률보다 양호하며 어떤 제도 및 운용방법에서도 5년보다는 10년 연환산 수익률이 더 좋다. 또한, IRP(10년)의 원리금보장형 수익률이 2.66%, 실적배당형이 3.51%인 경우처럼 실적배당형의 수익률이 더 높다. 이는 퇴직연금을 장기적으로, 원리금보장형보다는 실적배당형으로 운용해야 하는 이유가 될 수 있다. 원리금보장형으로 운용하는 경

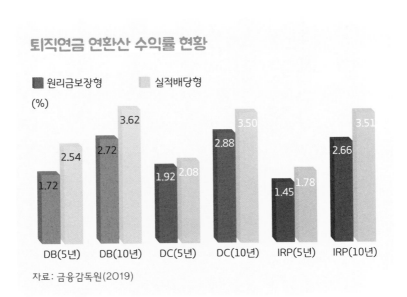

퇴직연금 연환산 수익률 현황

■ 원리금보장형   □ 실적배당형

(%)

	DB(5년)	DB(10년)	DC(5년)	DC(10년)	IRP(5년)	IRP(10년)
원리금보장형	1.72	2.72	1.92	2.88	1.45	2.66
실적배당형	2.54	3.62	2.08	3.50	1.78	3.51

자료: 금융감독원(2019)

우 제도에 따라 차이는 있지만, 2018년 DB 수익률은 1.54%, DC는 1.72%, IRP는 1.28% 등으로 은행 정기예금 금리 1.99%보다 수익률이 낮은 경우가 있으므로 운용방법의 개선이 필요하다. 퇴직연금 적립금 중에서 실적배당형의 규모와 비중은 2016년 10조1,000억원인 6.8%에서 2019년 23조원인 10.4%로 증가하였다.

그러나 제도별 실적배당형 운용비중을 보면 아직도 개선의 여지가 있다. DB형은 퇴직금 지급에 대한 부담으로, IRP는 퇴직자이거나 본인들의 자발적 선택으로 수익률 제고를 위해 실적배당형 비중을 늘렸을 것이다. 그러나 DC형 실적배당형의 비중은 2017년 16.7%에서 지속적으로 감소하는 모습을 나타내고 있다. 이는 이유를 불문하고 퇴직연금 운용에 대한 가입자들의 관심이 부족함을 보여준다.

그렇다면 10.4%라는 현재 수준의 실적배당형의 비중이 적절할까? 운용방법별로 수익률 차이가 명백히 존재하고 해외 연기금 등의 투자자산 비중을 참고하면 실적배당형 비중을 더 늘려가는 것이 바람직하다.

🪙 사적연금, 연금으로 제대로 활용하자

이제 사적연금이 연금으로서의 기능을 얼마나 하는지 살펴보자. 퇴직연금의 경우 만 55세 이상으로 수급을 개시한 계좌에서 연금수령을 선택한 비율은 2016년 1.6%에서 2019년 2.7%로 소폭 상승했다. 평균금액은 2016년 3억1,000만원에서 2019년 2억1,000만원으로 감소하는 추세지만, 이는 퇴직연금 적립금이 적은 가입자들이 연금수령을 선택했기 때문으로 보인다.

연금저축의 경우에도 연금수령을 확정기간형으로 선택한 가입자 중 수령기간을 10년 초과로 선택한 비율은 2016년 7.7%에서 2019년 10.6%로 소폭 상승하였다. 이는 연금을 오래 받고 싶은 선호도가 반영된 것으로 보인다. 연금의 역할을 제대로 이해하기 시작했다고 볼 수 있다.

그러나 대다수 사람들은 퇴직연금과 연금저축을 연금으로서 제대로 활용하지 못하고 있다. 우선 2019년 퇴직연금 일시금 수령이 97.3%에 달하고, 연금저축의 수령기간 10년 이하가 89.3%에 달하는 것만 보아도 알 수 있다. 또한 퇴직연금의 만 55세 이상 수급계좌에서 일시불 평균 수령액은 1,635만원, 연금저축 평균 해지금액은 1,239만원에 불과하다. 2019년 퇴직연금 수급계좌 평균금액이 2,159만원, 연금저축 계약당 평균금액이 2,043만원인 것을 고려했을 때 적립금액 2,000만원 이하에서 연금수령을 포기하는 경향이 크게 나타난다.

50대 이후에 은퇴로 자금이 필요할 경우 그나마 부담이 덜한 적은 자산으로 융통하고 싶은 욕구는 당연하다. 하지만 일시불 수령이나 중도해지로 그동안 받았던 세제혜택을 토해내거나 중장기로 적립해 연금으로 수령하면서 받을 수 있는 세제혜택을 포기하는 것은 현명하지 못한 선택이라 할 수 있다. 그동안 연금에 대해 신경 쓰지 않았다면 늦어도 40대에는 연금을 통한 노후대비를 시작해야 한다. 40대에 시작해도 은퇴까지 10년 이상 남아 있으므로 일정 수준의 연금자산을 충분히 만들 수 있다. 퇴직연금과 연금저축도 애초에 목적은 연금이다. 국민연금과 더불어 안정적인 노후를 만들어줄 자금임을 절대 잊으면 안 된다.

📇 연금자산 만들기, 지금부터라도 늦지 않다

40대는 목돈을 들여 부동산이나 주식 등에 투자하는 일도 많을 것이다. 그래도 각자의 상황에 맞게 연금저축, IRP 등을 선택하여 차근차근 연금자산을 모아야 한다. 일반 기업이나 금융회사 등에 재직하는 직장인의 경우 임금피크제 및 희망퇴직,

연금저축 계좌 및 IRP의 연금수령 나이 등을 고려한다면 40대에 들어섰더라도 15년 정도 연금계좌에 투자하는 것을 목표로 삼아보자.

연금계좌에 매년 400만원을 넣는다면 절세효과를 빼더라도 운용방법에 따라 15년 후 6,798만원에서 7,723만원의 연금자산이 쌓이게 된다. 매년 700만원을 적립하면 1억1,897만원에서 1억3,516만원의 연금자산을 만들 수 있다. 연금계좌를 선택할 때는 본인의 경제적 여건에 맞게 운용 가능한 자산 등을 고려해 금융회사를 선택하고, 연금계좌의 최근 세제혜택은 꼭 챙

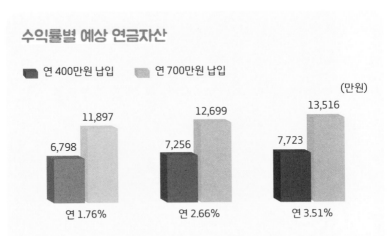

수익률별 예상 연금자산

■ 연 400만원 납입   ■ 연 700만원 납입

(만원)

	연 1.76%	연 2.66%	연 3.51%
연 400만원 납입	6,798	7,256	7,723
연 700만원 납입	11,897	12,699	13,516

가정: 납입기간 15년, 연1.76%(2019년 정기예금), 연2.66%(IRP 원리금보장형 10년 연환산), 연3.51%(IRP 실적배당형 10년 연환산)

자료: 100세시대연구소

연금계좌 세액공제

종합소득금액 (총급여액)	세액공제대상 납입한도		공제율 (주민세 포함)
	50세 미만	50세 이상	
4,000만원 이하 (5,500만원)	IRP 연간 700만원 (연금저축 400만원)	IRP 연간 900만원 (연금저축 600만원)	16.5%
1억원 이하 (1억2,000만원)			13.2%
1억원 초과 (1억2,000만원)	IRP 연간 700만원 (연금저축 300만원)	IRP 연간 700만원 (연금저축 300만원)	

주: 50세 이상 세액공제대상 한도 확대는 2022년까지 적용. 단, 금융소득종합과세 대상자는 적용 제외. IRP 및 연금저축 한도는 합산하되 연금저축만으로는 소득 및 연령에 따라 300~600만원 한도. 과세기준 및 과세방법은 향후 세법개정 등에 따라 변동 가능.

자료: 100세시대연구소

겨보아야 한다.

이렇게 연금자산을 제대로 기능하게 만들기 위해서는 반드시 기억해야 할 세 가지 팁이 있다.

첫째, 절대 깨뜨리지 말아야 한다. 연금저축의 경우 여력이 안 된다면 적립을 잠시 중단하는 것도 괜찮다. 또한, 퇴직금은 이직 등의 경우에도 일시금으로 수령하지 말고 IRP로 적립해 반드시 노후자산으로 남겨두어야 한다.

둘째, 특별한 이유가 없다면 가급적 하나 또는 두 개의 계좌로 모으는 것이 좋다. 연금계좌를 여러 개로 분산하면 관리하기 힘들고 수익률도 좋지 않을 가능성이 생기기 때문이다. 계좌가 흩어져 있다면 계좌이체(이전)제도를 통해 세제상 불이익 없이 금융회사를 옮길 수 있다.

셋째, 운용에 관심을 가져야 한다. 연금자산은 장기적으로 노후를 대비하는 자산으로 수익성을 제고해야 하고, 그러기 위해서는 실적배당형의 운용 비중도 늘려가야 한다.

언택트 시대의 주택, 투자보다 거주
2P - 주택(Place)

주택보급률은 높다는데 내 집 사는 건 어려워

우리나라 주택보급률은 2008년을 기점으로 이미 100%를 넘어섰다. 그럼에도 불구하고 자기 소유의 주택에 본인이 거주하는 비율인 자가점유율은 57.7%에 불과하다. 선진국들의 자가점유율은 60%대 이상을 유지하고 있지만 우리나라의 경우 월세, 전세 등 임대 비중이 높기 때문이다.

내 집이 없는 이유는 PIR(Price to Income Ratio, 가구소득 대비 주택가격 비율) 현황에서도 볼 수 있다. PIR은 주택가격을 상대적 수준으로 비교하는 지표로 예를 들어 PIR이 10이라는 것은 10년 동안의 소득을 모두 모았을 때 집 한 채를 살 수 있다는 뜻이다. 2020년 기준 서울 도심지역의 PIR은 24로 세계 주요 도시들 중 최상위 수준이다. 대한민국 전체로 보더라도 가구소득을 18년 이상 모아야 집을 살 수 있다는 계산이 나온다.

　PIR 지표만 보면 집 사는 것이 불가능해 보이지만 실제 생애 최초 주택마련 소요기간은 7.1년이다. 이는 상당부분 대출의 도움을 받기 때문이다. 실제로 2020년 2월 금융시장 동향에 따르면 가계대출은 전월 대비 9조3,000억원 증가해 900조원을 돌파했는데 2004년 통계 집계 이후 역대 최고의 증가폭이다. 이

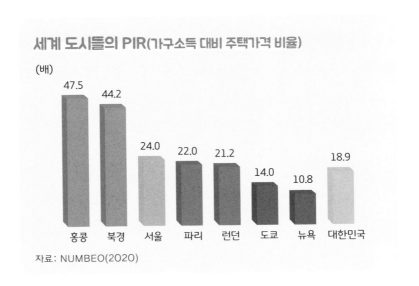

세계 도시들의 PIR(가구소득 대비 주택가격 비율)

(배)

홍콩 47.5
북경 44.2
서울 24.0
파리 22.0
런던 21.2
도쿄 14.0
뉴욕 10.8
대한민국 18.9

자료: NUMBEO(2020)

중 주택담보대출이 7조8,000억원 증가해 2005년 4월 이후 최대치를 기록했다.

40대는 주택을 최초로 마련하거나 더 좋은 집으로 이전하는 시기이기 때문에 40대 가구주의 부채보유액은 전체 연령별 중 가장 많다. 앞서 얘기한 대로 생애자산관리 측면에서 가장 고민거리가 많은 나이가 40대이다. 주택마련과 부채상환, 노후준비의 밸런스를 현명하게 맞춰야 하는 시기이다. 그러기에 가장 큰 목돈이 들어가는 주택마련에 대해 40대는 몇 가지 다른 생각을 할 필요가 있다.

자산증식의 기회가 없었던 40대, 집 꼭 사야 할까

현재 70년대생인 40대는 앞선 386세대에 비해 조금은 운이 없다. 이철승 교수는 최근 저서 《불평등의 세대》에서 40대의 자산 축적이 어려운 현황을 앞선 세대와의 비교를 통해 이렇게 설명했다.

"같은 44살이라도 2007년에 1963년생은 15년 전인 1992년의 월 소득(145만원)보다 104만원, 즉 71.7%가 오른 249만원을 벌었다. 이에 비해 2016년의 1972년생은 2002년(202만원)보다 43만원, 즉 21.3%가 오른 245만원을 벌었다. 세 배가 넘는 상승률 차이다."

1988년 올림픽 이후 경제성장기에 자라난 부유한 세대이지만 정작 직장에 들어갈 때에는 외환위기로 인해 입사하기가 쉽지 않았다. 직장에 진입하기 어려웠던 40대는 2000년대 벤처 붐과 부동산 붐에 편승할 수 없었고 이후 모아둔 돈으로는 부동산 가격이 너무 올라 사기가 힘들었다. 다른 세대에 비해 자산증식의 기회가 없었기 때문에 주택 마련과 소유에 대한 생각도 달라질 수밖에 없다.

내 집을 꼭 마련해야 할까? 이 질문에 우리나라 국민 82.5%가 그렇다고 답했다. 무주택자 가구는 주택을 사려는 주된 이유로 심리적 안정 및 이사의 번거로움 해소(61.2%)를 꼽았다. 반면 유주택자 가구는 거주지 이전(47.4%)과 주택규모 조정(31%)을 주된 이유로 들었다. 무주택자든 유주택자든 대부분의 사람들이 주택을 사려는 이유는 실거주가 목적인 셈이다.

이처럼 실거주 목적이라면 지금이라도 사는 것이 바람직하다. 주택가격은 비율이 조금만 움직여도 금액 자체가 크기 때문에 주택을 사려는 사람들은 주택가격이 하락하기를 기다린다. 그러나 부동산 가격은 비탄력적이라 주가처럼 단기간 내에 상승 이전 수준까지 떨어지기는 힘들다. 고령화 속도가 빠른 국내 인구구조 변화를 고려할 때 일본처럼 주택가격 하락을 예상하기도 하지만, 한편으로는 초핵가족화와 해외인구 가구의 증가 등으로 오히려 가구 수가 늘어나 주택수요를 창출하고 있어 드라마틱한 하락은 기대할 수 없다. 즉 실거주를 위해서라면 늦기 전에 사야 한다는 것이다.

집에 발목잡히지 말자! DTI 30% 선으로

실거주 목적의 한 채라도 대출을 이용한다면 총 부채상환비율(DTI: Debt To Income)은 30% 선으로 고려하는 게 좋다. DTI는 총소득에서 부채의 원리금 상환액이 차지하는 비율이다. IMF(국제통화기금)가 권고하는 통상적인 범위는 30~50%이지만, 각자의 소득과 지출 상황에 맞는 좀더 실질적인 DTI를 산정해보자.

평균적인 중산층을 기준으로 했을 때 소득에서 다른 부채가 없다는 가정 하에 평균 생활비를 제외하고 남은 비율은 40% 전후가 된다. 40%도 절대 낮은 비율이 아니다. 이 선을 넘으면 미래를 위한 저축이나 투자가 거의 불가능한 수준이 되기 때문이다. 무리하게 대출받아 주택을 구입한다면 장시간 원리금 상환으로 생계에 부담이 되는 게 당연하다. 게다가 은퇴시점에 부동산 가격이 대폭 떨어지기라도 한다면 갑작스런 하우스푸

우리나라 중산층의 권고 DTI 상한선

구분	상위 중산층	중위 중산층	하위 중산층
소득	688만원	526만원	383만원
평균 생활비	280만원	241만원	194만원
비소비지출	91만원	78만원	63만원
상환 가능금액	316만원	205만원	126만원
DTI 상한	46%	39%	33%

주: 생활비 이외에 소비활동과 무관하게 지갑에서 지출되는 비용(세금, 사회보장비, 연금, 이자 등)을 비소비지출이라 함. 비소비지출은 2019년 가계금융복지조사의 평균금액 연 1,098만원을 월 91만5,000원으로 환산. 상위 중산층 생활비를 100으로 했을 때 중위, 하위 비소비지출 금액 환산하여 계산함.

자료: 100세시대연구소

어로 전락할 수도 있다. 은퇴시점의 자산을 염두에 두어야 한다는 것이다.

📁 언택트와 워라벨이 바꾼 주거선호도

코로나19에 대응하면서 사람들의 생활패턴과 인식이 달라졌고 이른바 '언택트'가 부상했다. 사람들은 곧 'Untact(비대면)의 시대'에 적응하면서 이런 생활도 가능하다는 것을 깨달았다.

언택트는 전자상거래, 재택근무, 양방향 온라인 학습, 볼거리 및 게임 콘텐츠 수요 증가, 원격의료를 체험하게 하면서 우리시대의 장기적인 변화상을 제시했다. 집에서의 체류시간이 길어진 언택트 라이프는 주택 선택의 우선순위도 대도시 거점의 교통 편의성에서 환경의 쾌적함으로 바꾸었다. 거주지역 선택의 폭이 확대되는 결과를 가져온 셈이다. 주택산업연구원에서 발간한 7대 미래주택 트렌드에서도 '주택과 공간기능 다양화' '자연주의 숲 석권' 등을 언급해 주거문화의 뉴패러다임을 예견했다.

미국 부동산 시장에는 이미 도심보다 원스톱 라이프 주택이 떠오르고 있다. 힙한 사람들이 살고, 일하고, 놀 수 있는 활기찬 외곽 커뮤니티 이른바 힙스터비아(Hipsturbia)가 새로운 트렌드로 부상한 것이다. 힙스터비아는 직장이 있는 도심에서 멀지 않은 외곽도시에 아파트와 식당, 쇼핑상가 등이 밀집한 것이 특징인데, 최근 대도시에서 외곽으로 옮겨가는 미국 젊은 세대들의 이동이 본격화되고 있다.

이와 비슷하게 한국에서도 삶의 질과 최신 트렌드를 중요시하는 30~40대의 경우 프리미엄 커뮤니티 시설을 주택선택의 기준으로 삼고 있다. 아파트의 시세가치나 역세권이 아닌 ICT(정보통신기술) 같은 최첨단기술과 더불어 각종 편의시설이

결합된 아파트단지가 각광받는 것이다. 이런 아파트단지의 커뮤니티 고급화는 서울은 물론 경기도권으로 확산되고 있으며 이러한 수요는 전국적으로 커질 전망이다.

역사상 가장 젊은 40대, 新주택 트렌드를 선도하라

집은 가족의 일정한 거주와 심리적 안정을 고려할 때, 구입하는 것이 좋다. 다만 우리나라도 이제 저성장 국면이 뚜렷해져 과거 부동산 활황 시대에 경험했던 거주주택의 투자가치를 기대하기는 어렵다. 따라서 막연한 상승 기대만으로 무리한 대출을 이용한 구입보다는 금융자산과의 균형을 통해 생애자산관리 측면을 고려해야 한다.

무엇보다도 중요한 것은 사람들의 욕구 변화이다. 워라밸과 언택트라는 사회적 변화 속에 사람들은 주택의 입지보다 현재의 행복과 삶의 질을 뒷받침할 수 있는 주택을 찾고 있다. 역사상 가장 젊은 40대라 불리는 이들 세대가 사회의 수요층으로 부상하고 있다. 우리의 선택이 곧 주택시장의 트렌드를 만들어나갈 것이다.

자녀교육과 노후준비, 두 마리 토끼
3P - 사교육(Private Education)

📖 40대, 자녀교육비의 엄청난 무게

우리나라는 학력이 사회진출 이후 소득수준과 높은 비례관계를 보인다. 부모들이 자녀가 명문대에 진학해 좋은 일자리를 구할 수 있도록 사교육비 투자를 아끼지 않는 이유이다. 그 결과 자녀가 중·고등학교에 진학하면 사교육비는 더 늘어나고, 한번 나가기 시작하면 좀처럼 줄이기 어렵다. 게다가 70.4%라는 우리나라의 높은 대학진학률과 취직이 늦어지는 최근의 경향으로 인해 부모들의 경제적 부담은 점점 더 커지고, 기간도 늘어나고 있다.

생애주기상 40대는 본격적으로 사교육비 지출이 필요한 초·중·고등학생 자녀들이 있는 경우가 대다수이다. 전체 가구에서는 소비지출 항목 중 교육비(8.3%) 비중이 다섯 번째로 많지만, 40대 가구에서는 교육비(15.5%) 비중이 가장 높아 자녀교육비 부담이 가장 큰 시기임을 보여준다. 40대 중산층 가구가 노후준비를 하지 못하고 있다면 과도한 사교육비 지출 때문이라 해도 과언이 아니다.

초·중·고등학생 4명 중 3명은 사교육

2019년 사교육비조사 결과에 따르면 초·중·고등학생 4명 중 3명(74.8%)은 사교육을 받고 있으며, 사교육 참여율은 2016년 이후 계속 증가 추세이다.

참여학생 1인당 월평균 사교육비는 42만9,000원으로, 2019년 4분기 가구당 월평균 소득 477만원의 9%에 해당한다. 자녀가 2명이라면 가구소득의 18%를 사교육비로 지출하고 있는 셈이다. 자녀수뿐 아니라 가구소득 수준이 높을수록 사교육비 지출과 참여율도 높아진다. 소득이 200만원 미만인 가구에서는

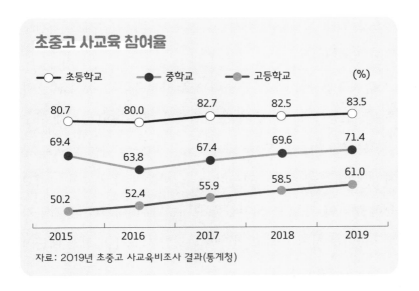

초중고 사교육 참여율

○ 초등학교 ● 중학교 ● 고등학교 (%)

	2015	2016	2017	2018	2019
초등학교	80.7	80.0	82.7	82.5	83.5
중학교	69.4	63.8	67.4	69.6	71.4
고등학교	50.2	52.4	55.9	58.5	61.0

자료: 2019년 초중고 사교육비조사 결과(통계청)

10만4,000원을 지출하는 데 반해 800만원 이상인 가구에서는 5배 더 높은 53만9,000원을 지출하는 것으로 나타났다. 사교육 참여율 또한 소득 200만원 미만인 가구에서는 47%인데 반해 소득 700~800만원인 가구에서는 87%로 증가했다.

2019년 참여학생 1인당 월평균 사교육비를 기준으로 자녀 대학입학 전까지 예상되는 총 사교육비를 추정해 보자. 학교급별로 초등학교 약 2,500만원(월 34만7,000원), 중학교 약 1,710만원(월 47만4,000원), 고등학교 약 2,160만원(월 59만9,000원)으로 예상되며 이를 모두 합산하면 총 6,370만원 정도의 사교육비 예산이 필요하다. 이 결과는 사교육에 참여하는 학생의 평균적인

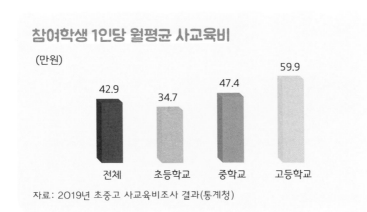

참여학생 1인당 월평균 사교육비

(만원)

- 전체 42.9
- 초등학교 34.7
- 중학교 47.4
- 고등학교 59.9

자료: 2019년 초중고 사교육비조사 결과(통계청)

수준으로 실제로는 더 많은 사교육비가 들어갈 수도 있다. 가구경제에 상당히 큰 영향을 줄 수 있는 금액인 만큼 자녀교육에도 계획적인 접근이 필요하다.

자녀양육비 절반은 교육비

세계 주요 국가 중에서 우리나라처럼 성인이 된 자녀에게 교육비와 결혼비용까지 지원하는 나라는 별로 없다. 개인의 능력과 가치관에 따라 다르겠지만 자녀양육은 언제쯤 끝날 수 있을까? 아니 끝나기나 하는 것일까?

2018년 한국보건사회연구원이 기혼여성(15~49세)을 대상으로 자녀에 대한 경제적 부양을 언제까지 책임지는 것이 적당한지 조사한 결과, 대학 졸업 때까지가 10명 중 6명(59.2%)으로 가장 높았으며, 다음으로 취업할 때까지(17.4%), 고등학교 졸업 때까지(14.7%), 혼인할 때까지(7.1%)의 순이었다. 10명 중 8명 이상이 성인이 된 자녀 부양을 그대로 받아들이고 있는 셈이다.

월평균 양육비는 자녀수가 1명인 가구는 73만3,000원, 2명인 가구는 137만6,000원, 3명인 가구는 161만9,000원으로 조사되었다. 자녀양육비 중에서 의복, 분유, 기저귀 같은 필수비용을 제외하고 가장 큰 비중을 차지하는 것은 역시 교육비다. 자녀가 2~3명인 경우 교육비는 전체 양육비 총액의 절반(48%) 수준이다.

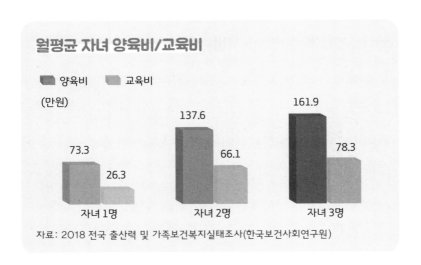

월평균 자녀 양육비/교육비

■ 양육비   ■ 교육비

(만원)

	양육비	교육비
자녀 1명	73.3	26.3
자녀 2명	137.6	66.1
자녀 3명	161.9	78.3

자료: 2018 전국 출산력 및 가족보건복지실태조사(한국보건사회연구원)

자녀, 지원은 하지만 지원을 기대하진 않는다

우리나라의 높은 사교육 참여율과 과도한 사교육비 지출은 노후준비를 어렵게 만드는 요인이다. 2019년 사회조사결과에 따르면 성인 3명 중 1명(34.9%)이 노후준비를 하지 않고 있는데, 이유는 '준비할 능력 없음'(40.1%)이 가장 많고 다음이 '앞으로 준비할 계획'(33.7%)의 순이었다.

그렇다고 노후에 자녀에게 경제적 지원을 기대하기는 어렵다. "자녀가 있으면 노후에 경제적으로 도움을 받을 수 있다"는 견해에 대해 기혼여성의 4명 중 1명(24.8%)만 찬성하였고, 4명 중 3명(75.2%)은 반대하는 것으로 나타났다. 이는 자녀에 대한 경제적 기대감이 낮다는 것을 의미한다.

실제 고령자의 삶에서도 자녀의 경제적 지원은 적었다. 60세 이상 고령자의 생활비 마련 방법을 묻는 질문에 '본인 및 배우자'가 69.9%로 압도적으로 많았기 때문이다. 본인 및 배우자 부담은 높아지고, 자녀나 친척 지원은 더욱 낮아지고 있는 추세임을 보면 노후준비에 있어 자녀의 경제적 지원은 배제되어 있다고 볼 수 있다.

자녀교육과 노후준비 두 마리 토끼를 잡아라

자녀교육과 노후준비는 어느 하나 소홀히 할 수 없는 중요
한 목표이다. 수명은 길어지고 활용할 수 있는 자원은 한정되
어 있기 때문에 자녀교육과 본인의 노후대비 사이에서 합리적
인 균형을 맞춰야 한다.

우리나라 사람들이 재정적으로 어려울 때 제일 마지막에 줄
이는 것이 교육비라고 한다. 2019년 사회조사결과에 따르면 가
구의 재정상황이 악화된다면 우선적으로 줄일 지출항목은 외

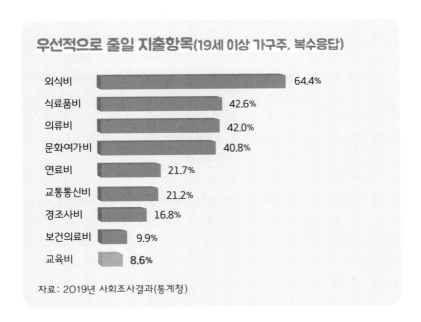

우선적으로 줄일 지출항목(19세 이상 가구주, 복수응답)

항목	비율
외식비	64.4%
식료품비	42.6%
의류비	42.0%
문화여가비	40.8%
연료비	21.7%
교통통신비	21.2%
경조사비	16.8%
보건의료비	9.9%
교육비	8.6%

자료: 2019년 사회조사결과(통계청)

식비(64.4%)가 가장 높고, 이어서 식료품비, 의류비, 문화·여가비 순으로 나타났다. 여기에 교육비(8.6%)를 줄이겠다는 비율은 제일 낮았다. 하지만 과도한 교육비 지출로 노후준비를 하지 못해 은퇴 후 빈곤층으로 전락한다면 자녀에게도 경제적으로 부담이 될 수 있다. 안정적인 노후생활을 위해서는 사교육비를 절약해서 노후준비를 해야 한다는 말이다.

합리적인 사교육비 지출전략

40대가 자녀교육과 노후준비, 두 마리 토끼를 잡으려면 사교육비를 절약할 수 있는 여러가지 방법을 찾아서 실천하는 것이 중요하다. 이렇게 절약한 사교육비를 연금저축과 개인형 퇴직연금(IRP)에 투자하면 멀지 않은 노후를 대비할 수 있다.

① 사교육비를 사전에 정해놓고 지출한다.

단순히 불안하다고 사교육을 원칙 없이 늘여가다 보면 가구 경제에 큰 부담으로 다가온다. 지출 가능한 예산을 먼저 설정하고, 과목별 중요도에 따라 우선순위를 두어 무리한 사교육비 지출을 방지하자. 이를테면 가구당 월평균 소득 477만원에서 학생 1인당 월평균 사교육비 42만9,000원은 약 9% 수준이다.

이를 기준으로 삼더라도 자녀가 2명이라면 무려 18%에 이른다. 자녀 1인당 사교육비가 소득의 10%를 넘는다면 평균보다 많이 지출하는 셈이므로, 이를 감안하여 사교육비 예산을 책정해 보자.

② 선행학습보다 선제적 교육비를 확보한다.

자녀의 선행학습을 위해 사교육을 시키는 경우는 많지만, 교육비용을 사전에 준비하는 경우는 많지 않다. 노후준비만큼 초장기는 아니지만 자녀교육비도 장기적인 계획에 따라 미리 마련하는 방법이 효과적이다. 자녀 출생 이후부터 성장시기에 따른 교육비용을 염두에 두고 여유자금이 생길 때마다 일정부분을 모아가면 실제 해당교육 발생시기에 효율적으로 대응할 수 있다. 미래 교육비 상승을 감안하여 일정 부분은 금융투자 상품을 활용해 수익성을 추구하는 방법도 필요하다.

③ 자신을 위한 노후준비도 함께한다.

노후준비는 시기적으로 나중일 뿐 결코 자녀교육보다 덜 중요하지 않으며, 자녀교육과 노후준비를 동등한 가치로 보고 함께 준비하는 것이 바람직하다. 자녀 1인당 사교육비가 40만원 들어간다면 노후연금으로도 월 40만원 정도 저축할 수 있도록 하자. 연 4% 수익률로 25년간 적립한다면 노후자산 2억원 가량을 마련할 수 있다.

의식전환! 불안에서 믿음으로

사실 보다 근본적인 것은 아이 교육에 대한 관점의 변화이다. 먼저, 자녀가 어릴 때부터 자기주도학습 역량을 기를 수 있도록 이끌어주자. 그래야 사교육비가 많이 드는 중·고등학생 때 학원에 의존하지 않고 스스로 부족한 점을 보완할 수 있는 계획을 세우고 실천하며 성취감을 느낄 수 있다.

자녀의 성장과 함께 커지는 불안감은 단순히 교육 때문만은 아닐 것이다. 자녀가 자라 성인이 되어 살아갈 미래에 대한 걱정이 더해진 결과이다. 자녀가 성인이 되어 부모를 걱정거리로 생각하지 않게 하기 위해서라도 나의 노후는 내가 준비해야 함을 잊지 말자.

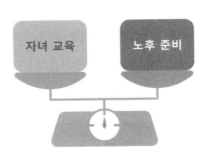

금융투자, 지피지기 백전불태
4P - 자산증식(Property)

📖 투자의 시대, 그러나 10명 중 7명은 금융 문맹

소득과 자산이 높은 40대는 본격적으로 자산증식을 위한 금융투자의 필요성을 느낀다. 20~30대가 소득활동을 시작하고 저축을 통해 목돈을 마련하는 시기라면 40대는 목돈을 바탕으로 자산증식을 위한 본격적인 투자를 해야, 50대 이후 인생 후반기에 경제적인 부담을 덜고 살아갈 수 있기 때문이다.

가구주 연령대별 금융자산을 살펴보면 40대가 1억2,973만 원으로 가장 높다. 금융자산 가운데 투자자산 비중이 가장 높은 연령대도 40대이다. 그만큼 금융투자에 대한 관심도 높다. 최근 마이너스 금리에 가까운 저금리 환경도 금융투자에 대한 관심을 높이는 요인이다. 저금리로 자산증식이 사실상 어려워지면서, 위험을 부담하더라도 적극적으로 수익을 추구하는 투자의 시대가 도래한 것이다.

그런데 금융투자가 생각보다 만만치가 않다. 금융투자상품은 나날이 복잡해지고 있지만, 금융투자상품을 잘 알고 투자하는 사람은 많지 않은 게 현실이다. 금융위원회가 2019년 실시한 설문조사에 따르면, 우리나라 일반 국민의 10명 중 7명은 자신의 금융지식 수준이 충분하지 않다고 답했다. 실제 2018년 기준 우리나라 성인의 금융이해력 점수는 62.2점으로, OECD 평균(62.9점, 2015년 16개국)보다 낮은 것으로 나타났다. 금융이해력 점수를 문항별로 살펴보면 저축경험(96.5점)은 높지만 금융상품 선택방법(32점)은 취약해, 금융상품에 대한 금융이해력을 높이기 위한 적극적인 노력이 필요한 것으로 나타났다.

효과적인 자산증식 수단을 위해! 주식투자 시 고려사항

주식투자는 심리적인 요소가 굉장히 크게 작용하기 때문에 개인투자자에게 어려운 영역이지만, 확고한 원칙을 가지고 장기적인 안목으로 투자하면 효과적인 자산증식 수단으로 활용할 수 있다. 결과에 흔들리기보다 굳건한 자신만의 원칙을 만들어 주식으로도 노후자금을 만들어보자.

① 나만의 투자원칙을 세운다.

세계적인 투자의 거장들이 가장 강조하는 것이 바로 자신만의 확실한 투자원칙이다. 투자원칙이 없으면 사소한 뉴스나 루머에도 쉽게 흔들리게 된다. 여기서 원칙은 ① 투자대상 종목선택 기준 ② 매수/매도 기준 및 시점 ③ 자금관리 기준 등 주식투자 시 반드시 지켜야 할 원칙을 의미한다.

나만의 투자원칙을 세우려면 충분한 학습기간도 필요하다. 소액으로 시작하여 오랜 기간 주식시장의 등락을 경험해야 한다. 준비 없이 성급히 주식시장에 뛰어드는 것은 투자가 아닌 투기에 가깝기 때문이다.

② 여유자금으로 투자한다.

주식투자는 인내심이 필요하다. 빚을 내거나 조만간 써야할 돈으로 주식에 투자한다면 심리적으로 쫓기게 되어 감정의 동요 없이 냉정하게 시장을 바라보기 어렵다. 너무 큰 기대수익을 목표로 단기시장을 예측하기보다는 최소 1년 이상 투자

한다는 마음가짐으로, 여유자금으로 꾸준히 투자하는 자세가 필요하다. 일정 수준의 현금보유도 중요한데, 주식계좌 내에 일정한 현금이 있어야 급락 시 추가매수하거나 갑자기 돈이 필요할 때 흔들리지 않고 투자를 이어갈 수 있다.

③ 분산투자한다.

분산투자는 대표적인 투자원칙이다. 특히 주식과 같이 변동성이 높은 투자자산의 경우 위험관리 측면에서도 분산투자는 선택이 아닌 필수이다. 투자금액이 소액이라도 5종목 이상 분산투자를 기본으로 하고, 한번에 투자하는 것보다는 투자시점과 투자가격도 나누어 투자하는 것이 바람직하다. 분산투자가 어려운 개인투자자라면, 이미 분산투자가 잘 되어 있는 ETF를 활용하는 것도 좋은 대안이다.

④ 장기투자한다.

미국의 전설적인 펀드매니저 피터 린치가 운용한 마젤란펀드는 13년간 누적수익률 2,703%, 연평균 수익률 29%에 달하는 전설적인 펀드이다. 그러나 마젤란펀드 가입자의 절반 이상은 마이너스 수익률을 피하지 못했다. 전설적인 펀드에 가입하고도 성과가 좋지 못했던 이유는 시세에 급급해 단기투자에 그쳤기 때문이다. 주식시장은 단기적으로는 급등락을 반복하며 심리적인 압박감을 줄 수 있지만, 주식투자에 성공하기 위해서는 피터 린치가 주장했던 것처럼 '시간을 보유'하는 전략이 필요하다.

⑤ 공부하고 경험을 쌓아간다.

월스트리트 역사상 가장 위대한 개인투자자로 불리는 제시 리버모어는 "주식투자자가 된다는 것은 의사가 되는 것과 같다"고 했다. 의사가 되려면 몇 년 동안 수많은 학문을 배워야 하며 의사가 된 후에도 평생에 걸쳐 새로운 의술을 익히고 경험을 쌓아야 더 유능한 의사가 될 수 있다. 주식투자자도 마찬가지로 공부하고 경험을 쌓아야 한다. 무엇이 성공으로 이끌고 실패로 이끄는지 정확한 분석을 통해 나만의 투자원칙을 보완하고 개선해 나가야 주식투자 성공률을 높일 수 있다.

주목! ETF & ETN

최근 가장 주목받는 금융투자상품은 ETF(Exchange Traded Fund, 상장지수펀드)와 ETN(Exchange Traded Note, 상장지수증권)이다. 2020년 4월 말 기준 ETF와 ETN 자산총액은 약 53조3,000억원으로, KOSPI 시가총액(1,309조2,000억원)의 4% 수준이지만, KOSPI 대비 ETF 일평균 거래대금은 50.4%(KOSPI 10조8,000억원, ETF 5조4,000억원)에 이른다.

ETF와 ETN은 주식시장에서 거래되는 대표적인 인덱스 상품이다. 인덱스 상품이란 개별 종목이 아닌 KOSPI200, S&P500 지수 등 특정 지수의 수익률을 추종하는 금융상품으로, 자산배분 및 안정적인 장기투자에 적합하다. 그러나 본래 취지와 달리 우리나라 ETF/ETN 시장은 변동성이 높은 레버리지·인버스, 원유 선물 ETF/ETN을 중심으로 매매되고 있어 투자위험이 높다.

레버리지·인버스 ETF/ETN 투자 시 고려사항

ETF/ETN에 대한 투자자의 관심이 높아지면서 기초지수의 가격 변화를 2배로 추종하는 레버리지(Leverage)와 반대방향으로 추종하는 인버스(Inverse) ETF/ETN에 대한 관심도 높아지고 있다. 단, 레버리지·인버스 ETF/ETN은 변동성이 높은 만큼 투자위험도 높으므로 주의해야 한다. 투자자들이 간과하는 대표적인 위험은 '레버리지 음(-)의 복리효과'이다. 레버리지 ETF/ETN은 투자기간 동안의 기초지수 수익률의 2배가 아닌, 일 단

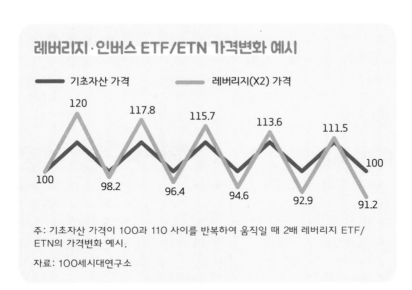

레버리지·인버스 ETF/ETN 가격변화 예시

━━ 기초자산 가격　　　━━ 레버리지(X2) 가격

120
117.8
115.7
113.6
111.5
100
100
98.2
96.4
94.6
92.9
91.2

주: 기초자산 가격이 100과 110 사이를 반복하여 움직일 때 2배 레버리지 ETF/ETN의 가격변화 예시.
자료: 100세시대연구소

위로 기초지수 수익률의 2배를 추종하므로, 장기 복리수익률은 수익률의 2배를 추종하지 못할 수 있다.

레버리지·인버스 ETF/ETN 투자 예시

구분	일반 ETF/ETN	레버리지 ETF/ETN	인버스 ETF/ETN	레버리지 인버스 ETF/ETN
기초지수 가격변화 (당일 기준)	1배 추종	2배 추종	-1배 추종	-2배 추종
(예시) 기초지수 +2%	+2%	+4%	-2%	-4%

자료: 100세시대연구소

무엇보다 레버리지·인버스 ETF/ETN과 같은 강한 방향성 투자는 시장에 대한 확신이 필요하다. 금융시장에 대한 전문지식 없이 레버리지·인버스 ETF/ETN에 투자하는 것은 시장 방향성에 단순 베팅하는 도박과 다를 것이 없다.

원자재 선물 ETF/ETN 투자 시 고려사항

금융시장 변동성이 높아지면서 원유, 금 등 원자재 선물 ETF/ETN에 대한 관심도 높아지고 있다. ETF/ETN을 활용하면 주가지수뿐만 아니라 원유선물 가격 등 다양한 기초지수의 가

롤오버 비용(Roll-Over cost) 예시

	선물가격	선물매매	투자금 가치
최초투자	1월물 $25	100계약	$2,500
월물교체	1월물 $20 2월물 $22	1월물 100계약 매도 2월물 90.91계약 매수 (=20/22)	$2,000
청산	2월물 $25	2월물 90.91계약 매도	$2,272
투자결과	선물가격 변화율 0%		투자수익률 -9.12%

자료: 100세시대연구소

격 흐름을 추종할 수 있기 때문이다.

그러나 선물은 만기가 있어 만기가 가까워지면 해당 선물을 청산하고 다음 선물계약으로 교체해야 한다. 최근 원유선물 시장처럼 만기가 임박한 원유선물(근월물) 가격보다 만기가 먼 원유선물(원월물) 가격이 높으면, 선물만기 교체과정에서 롤오버비용(Roll Over Cost)이 크게 발생한다. 또한 괴리율도 고려해야한다. 최근 원유선물 ETN은 매수세 급증으로 시장가격과 실제가격의 괴리율이 크게 벌어져, 상장폐지 위험에 처하기도 했다. 이처럼 선물의 가격흐름을 추종하는 ETF/ETN은 수익률에 영향을 미치는 변수가 많은 고위험 상품이므로 투자 전에 충분한 이해가 필요하다.

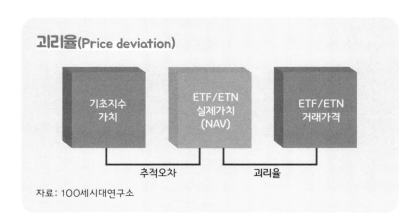

괴리율(Price deviation)

기초지수 가치 — ETF/ETN 실제가치 (NAV) — ETF/ETN 거래가격

추적오차   괴리율

자료: 100세시대연구소

지피지기 백전불태

손자병법에 따르면 적군을 알고 아군을 알면 백 번 싸워도 위태롭지 않고(知彼知己 白戰不殆), 적군을 알지 못하고 아군을 알면 한 번은 이기고 한 번은 지며, 적군을 알지 못하고 아군도 알지 못하면 싸울 때마다 위태롭다 하였다. 자신의 능력을 과대평가해 기고만장해서도 안 되고 상대의 전력과 상황에 대한 파악 없이 무턱대고 덤벼서도 안 됨을 경계하는 말이다.

금융투자도 다르지 않다. 단지 높은 수익만 바라보고, 남의 말만 듣고 잘 모르는 상품에 투자하면 위태로워질 수 있다. 금융투자에서 '백전불태'하기 위해서는 자신의 투자목적과 투자성향을 분명히 하고, 투자상품의 수익구조와 위험을 충분히 이해하려는 '지피지기' 자세가 꼭 필요하다.

'4층 소득'으로 준비하는 은퇴소득

3층 연금(국민연금, 퇴직연금, 개인연금)만으로 노후생활비가 부족하다면 연금소득을 보완할 추가소득을 마련하는 것이 좋다. 즉 은퇴소득원을 연금소득, 금융소득, 부동산소득, 근로소득의 '4층 소득'으로 다양화하는 것이다.

4층 소득의 기본 - 연금소득

은퇴기간 동안 안정적인 생활수준을 유지하기 위해서는 안정적이고 지속적인 소득흐름을 마련해 두어야 한다. 연금소득은 이러한 소득흐름에 기본이다. 은퇴생활비 가운데 식비, 주거비, 교통비 등 필수생활비를 안정적이고 지속적인 연금소득으로

은퇴생활비와 은퇴소득원

구분	생활비 항목	은퇴소득원
필수생활비	식비, 주거비, 피복비, 교통비, 통신비, 세금, 기본 의료비 등	3층 연금소득
임의생활비	여행, 레저, 오락비, 선물 등	저축 및 투자자산

자료: 100세시대연구소

3층 연금전략

국민연금	퇴직연금	연금저축·IRP
9%	8.3%	세액 공제한도 연간 700만원
기준소득의 9% 적립	연간 연금총액의 1/12 적립	연금저축 400만원 IRP 300만원 적립
사용자 4.5% 근로자 4.5%	사용자가 부담	근로자가 추가적립
연금맞벌이를 하라	퇴직연금을 지켜라	세제혜택을 챙겨라

자료: 100세시대연구소

충당할 수 있으면, 저축 및 투자자산을 금융시장이 나쁨에도 어쩔 수 없이 매각하는 상황은 피할 수 있다.

　통상 월급의 30%를 연금자산에 저축하면 안정적인 노후생활의 기반을 만들 수 있는데, 이때 3층 연금전략이 유효하다. 직장인이라면 국민연금에 매달 월급의 9%, 퇴직연금에 매년 한달치 급여를 적립하고 있어 월급의 17%를 사실상 의무가입하고 있는 셈이다. 퇴직연금은 중간정산을 하지 않고 퇴직시까지 잘 키워서 연금으로 수령하자. 더불어 연금저축과 IRP에 급여의 13%를 납입하면 월급의 30%를 연금자산으로 쌓을 수 있으며, 연말정산시 세액공제 혜택도 챙길 수 있다.

4층 소득 두 번째 - 금융소득

여행·레저비용과 같은 지속적으로 지출되지 않는 임의생활비는 저축 및 투자자산에서 인출하여 사용하는 것이 좋다. 이를 위해서는 경제활동기에 금융자산에 투자하여 자산을 증식할 필요가 있다. 은퇴 후에는 다달이 월급처럼 받을 수 있는 금융상품이 필요한데, 정기적으로 분배금을 받을 수 있는 금융상품이 좋다. 월지급식 펀드나 월 또는 분기별로 배당을 지급하는 글로벌 상장 리츠 및 인컴 ETF 등이 있다.

4층 소득 세 번째 - 부동산 소득

은퇴 후 이렇다 할 소득이 없다면 주택자산을 활용해 현금흐름을 만들 수 있다. 가구주 연령대별 주택소유율을 보면 가구형성기인 20~30대는 낮은 반면, 퇴직 전후의 50~60대는 높게 나타난다. 주택규모를 줄여 그 차액을 즉시연금이나 월지급식 금융상품에 가입하면 현금흐름을 창출할 수 있다.

또한 소득원이 다양하지 않은 만 55세 이상 주택소유자는 주택연금에 가입해 본인이 살고 있는 집에 계속 거주하면서 부족한 생활비를 받아 사용할 수도 있다.

4층 소득 네 번째 - 근로 소득

노후준비가 부족한 사람은 은퇴시점을 늦추고 최대한 오래 일하는 것이 바람직하다. 직장에 대한 눈높이를 낮추고 적은 소득이라도 가벼운 일자리를 통해 경제활동을 지속하자. 일자리는 생활비에 보탬이 될 뿐 아니라 일하는 즐거움을 주고 건강 유지에도 도움이 된다.

5장

30대 자산관리,
시작이 반이다

부자가 되고 싶은 시간부자 30대

📖 부자들의 공통점

누구나 부자를 꿈꾼다. 빨리 부자가 되고 싶은 마음 때문이다. 그런데 빨리 부자가 된다는 말에는 모순이 좀 있다. 부자가 되기 위한 요소 중 '시간'이라는 가장 중요한 요소를 간과하고 있기 때문이다. 부자가 되는 방법에는 여러가지가 있겠지만, 자산관리를 통해 부자가 된 사람들이 가지는 공통점이 하나 있다. 바로 '나이'다.

자산관리형 부자들의 대부분은 50~60대 이상이다. 그들은 자산관리에 많은 시간과 노력을 들여서 얻어낸 결과로 부자가 된 것이다. 따라서 자산형성기인 30대부터 자산관리 체계를 잘 만들어놓으면 자산증식기인 40~50대를 효율적으로 보낼 수 있고, 자산보존기인 60대 이후에 경제적인 부담을 가지지 않고 살아갈 수 있다.

바둑 용어 중 맥점(脈點 또는 맥)이라는 게 있다. 세력을 펴거나 자리를 넓게 잡는 과정에서 아주 중요한 하나의 지점을 말한다. 쉽게 말해 바둑돌을 놓아두면 매우 좋은 곳이다. 생애자산관리에도 이 맥점에 해당하는 시기가 있다. 바로 30대이다. 30대에는 대부분 자산이 많지 않겠지만, 자산관리 방식을 어떻게 가져가느냐에 따라 향후 자산의 증식이 편해질 수도, 어려워질 수도 있는 중요한 시기이다.

자산구조에 빨간불 들어온 30대

자산관리의 기초를 다지는 30대의 가구경제 현황부터 살펴보자. 2019년 기준 30대 가구는 평균 3억2,638만원의 자산을 보유하고 있다. 실물자산이 2억1,931만원으로 67.2%를, 금융자산은 1억707만원으로 32.8%를 차지한다. 부채는 8,915만원으로 총자산에서 부채를 차감한 순자산은 2억3,723만원으로 나

30대 가구의 경제상황

순자산
2억3,723만원

자산 **3억2,638만원**

금융자산
1억707만원

실물자산
2억1,931만원

부채 **8,915만원**

금융부채
7,341만원

임대보증금
1,574만원

처분가능소득
4,849만원

소득 **5,982만원**

비소비지출 **1,133만원**

자료: 2019가계금융 · 복지조사(통계청)

타났다. 금융부채는 평균 7,341만원으로 부채의 80% 이상이다.

젊은 30대가 다른 연령대에 비해 자산이 적거나 부채비율이 높은 것은 문제가 아니다. 다만 최근에 일어난 자산구조 변화에 약간의 문제가 있다. 30대 가구의 자산증가가 실물자산 위주로 이루어지고 있고 그에 따라 금융부채 증가폭이 커지고 있다는 점이다. 즉 대출을 통해서 무리하게 주택구입을 서두르고 있는 것이다.

30대 가구 자산 및 부채 변화

(만원)

구분	총자산	금융자산	실물자산	부채	부채차감 금융자산
2018년	31,503	10,654	20,849	8,088	2,566
2019년	32,638	10,707	21,931	8,915	1,792
증감액	1,135	53	1,082	827	-774
증감률	3.6%	0.5%	5.2%	10.2%	-30.2%

자료: 2019가계금융 · 복지조사(통계청)

📖 영끌 대출과 부동산 불패

9억원이 넘는 서울 아파트 중위가격을 생각해 보면 30대가 서울에 아파트를 구입한다는 건 분명 쉽지 않다. 그런데 어찌 된 일인지 2019년 연령대별 서울 아파트 매매현황을 보면 30대가 가장 많은 비중을 차지하고 있다. 그동안 부동산 가격의 상승을 바라보기만 했던 30대가 서둘러 움직인 것이다. 주택담보대출은 물론 신용대출 등 가용 가능한 대출상품을 모두 동원하여 영혼까지 끌어 모은다는 소위 '영끌 대출'을 통해서 무리한 주택구입에 나서고 있다.

물론 구입한 아파트 가격이 계속 오를 수도 있다. 하지만 한

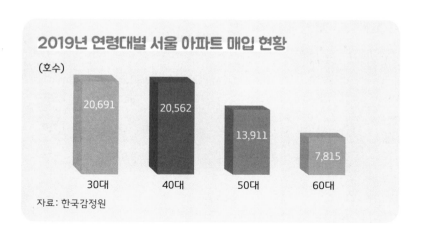

2019년 연령대별 서울 아파트 매입 현황

(호수)

- 30대: 20,691
- 40대: 20,562
- 50대: 13,911
- 60대: 7,815

자료: 한국감정원

가지 투자에 올인하는 모습은 분명 지양해야 한다. 경제환경 변화에 대응하기가 쉽지 않기 때문이다. 우리나라는 이미 인구감소 구조로 접어들었다. 또한 고령화로 인해 저성장 환경이 쉽게 바뀔 것 같지도 않다. 부동산이 무리한 대출을 감당할 수 있는 시기가 언제까지 지속될 수 있을지 고민해 봐야 한다.

일단 자산구성의 균형을 잡아가는 것이 중요하다. 현재 우리나라 가구자산의 75.5%가 부동산 등 실물자산으로 구성되어 있다. 게다가 나이 들어 은퇴를 하게 되면 자산유동성이 무엇보다 중요해지는데 오히려 실물자산 비중이 높아지는 추세이다. 30대는 부동산을 포함한 실물자산 비중이 약 67%로 전체 평균보다는 낮다. 물론 보유자산의 규모가 작기 때문에 자산구성의 균형을 맞추기가 쉽지는 않다. 하지만 자산구성의 균형을 맞추기 위해 목표를 설정하고 관리해 가면서 40대나 50대가 되었을 때 부동산과 금융자산의 비중을 적정하게 가져가려는 노력이 필요하다.

부자들의 자산구성을 보면 금융자산 비중이 40~50% 선을 유지하고 있다. 부자는 자산이 많으므로 그 비중에 크게 구애받지 않을 것 같지만 실상은 자산구성의 균형을 잃지 않으면서 자산관리의 효율성을 추구하는 모습을 볼 수 있다.

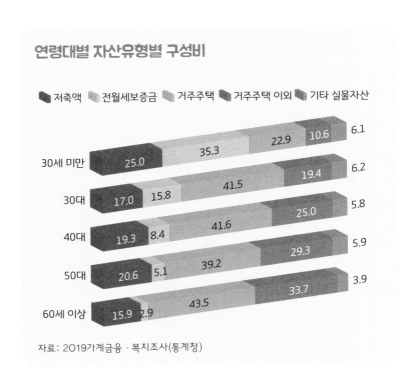

연령대별 자산유형별 구성비

■ 저축액 ■ 전월세보증금 ■ 거주주택 ■ 거주주택 이외 ■ 기타 실물자산

연령	저축액	전월세보증금	거주주택	거주주택 이외	기타 실물자산
30세 미만	25.0	35.3	22.9	10.6	6.1
30대	17.0	15.8	41.5	19.4	6.2
40대	19.3	8.4	41.6	25.0	5.8
50대	20.6	5.1	39.2	29.3	5.9
60세 이상	15.9	2.9	43.5	33.7	3.9

자료: 2019가계금융 · 복지조사(통계청)

부자의 자산구성비 추이

●— 부동산자산　●— 금융자산

(%)

52.4　51.4　52.2　53.3　53.7

43.1　43.4　44.2　42.3　39.9

2015　2016　2017　2018　2019

자료: KB금융경영연구소

💼 부채 갚느라 다양한 자산관리 경험을 놓치진 말자

　가구주 연령대별로 2019년 부채규모는 40대가 1억689만 원으로 가장 많지만 전년대비 부채증가율 측면에서는 30대가 10.2%로 40대를 앞서고 있다. 부채 구성 또한 담보대출이 64%를, 임대보증금이 18%로 그 다음을 차지하고 있다.

　부채의 절대 규모보다는 재무건전성 비율이 더 중요하다. 30대 가구의 자산 대비 부채비율은 27.3%로 전년보다 1.6%p 올랐지만, 저축액 대비 금융부채 비율은 132%로 전년대비 10.2%p 상승하였다. 나빠지는 재무건정성을 회복시키려면 무

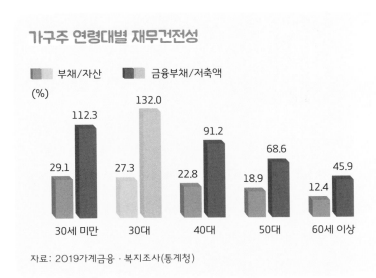

가구주 연령대별 재무건전성

■ 부채/자산   ■ 금융부채/저축액

(%)

자료: 2019가계금융·복지조사(통계청)

엇보다 부채를 줄이기 위해 노력해야 한다. 30대는 금융투자
등 자산관리의 다양한 경험을 쌓아야 할 때이다. 너무 많은 부
채를 갚느라 여유가 없으면 경험할 수 있는 시간을 놓치게 된
다. 적절한 부채 활용은 자산관리 효율성을 높여주지만 무리하
면 독이 될 수 있음을 잊지 말자.

📂 종잣돈 1억원 만드는 데 5년 6개월

30대 가구의 연평균 소득은 5,982만원, 지출은 3,930만원이

다. 이에 따르면 연평균 2,052만원을 저축할 수 있다는 계산이 나온다. 그럼 종잣돈 1억원을 만드는 데는 얼마나 걸릴까? 연간 2,052만원의 저축가능액을 모두 모아간다면 5년이 조금 안 걸릴 것이다.

하지만 몇 가지 가정을 더해보자. 노후준비를 위해 매년 연금저축에 연소득의 5% 정도인 300만원을 적립한다면 저축가능액은 1,752만원으로 감소한다. 여기에 안정적인 수준인 연 1.5%의 수익률을 가정했을 때 종잣돈 1억원을 만드는 데는 5년 6개월 정도 걸린다. 몇 개월 차이는 있지만 이 경우 종잣돈 1억원과 노후준비를 함께한 셈이다. 물론 나이 들면서 소득이

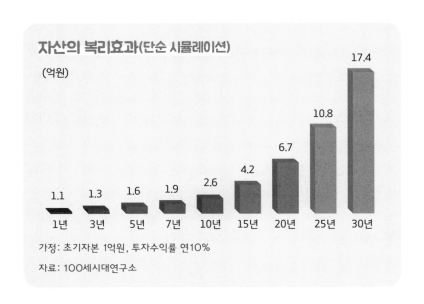

자산의 복리효과(단순 시뮬레이션)

(억원)

1년	3년	5년	7년	10년	15년	20년	25년	30년
1.1	1.3	1.6	1.9	2.6	4.2	6.7	10.8	17.4

가정: 초기자본 1억원, 투자수익률 연10%
자료: 100세시대연구소

늘어나지만 지출도 함께 증가하므로 저축 여력이 생각만큼 잘 커지지는 않는다. 따라서 30대에 반드시 종잣돈을 만들어놓아야 한다. 40대 이후 실행할 본격적인 자산관리를 위한 준비기간이 되는 것이다.

연금저축은 종잣돈 만들기와 더불어 30대에 반드시 시작해 은퇴 때까지 유지해야 하는 자산관리 실천사항이다. 노후준비를 짧은 시간에 하려면 부담스럽지만 일찍부터 꾸준하게 관리하면 결코 어려운 숙제가 아니기 때문이다. 30대 가구 연평균 소득의 5%인 300만원을 30년간 적립하면 연 수익률이 5%일 때 약 2억원의 연금자산을 만들 수 있다. 연금저축은 안정적인 노후준비와 함께 자산관리의 시너지 효과도 얻을 수 있다. 연금자산이 안정적으로 쌓여가는 과정을 보면 노후준비에 대한 부담이 줄어들면서 자산을 좀더 적극적으로 운용할 수 있게 된다. 또 연금저축 펀드계좌의 경우에는 여러가지 금융투자상품을 활용할 수 있어서 금융투자에 대한 다양한 경험을 쌓는 데에도 도움이 된다. 연금저축은 반드시 다른 자산의 운용목적과 분리해서 관리하는 것이 좋다는 점을 기억해 두자.

🗒️ 30대는 시간 부자

영화 〈인 타임〉(2011년)은 과학의 발달로 모든 인간이 25세에 노화를 멈추는 대신 한정된 시간을 돈처럼 쓰면서 살아간다는 내용이다. 그만큼 시간의 소중함(?)을 조금 과하게 비유한 영화이다.

자산관리 역시 돈만으로 성과를 내는 것이 아니다. 일정 수준 이상 성과를 내기 위해서는 그만큼 충분한 시간이 함께 주어져야 한다. 그런데 30대는 자산관리를 위한 시간이 충분하게 주어져 있다. 시간적으로는 30대가 부자인 셈이다. 자산관리의 복리효과로 충분한 시간과 노력이 투입된다면 시점에 차이가 있을 뿐 누구나 부자가 될 수 있다. 은퇴 후 안정적인 노후생활을 위해서라도 30대부터 시작하는 자산관리는 꼭 필요하다.

30대를 위한 자산관리 원칙
- SMART하게

📂 30대는 저축의 골든타임

다양한 삶의 형태가 있지만 대부분의 사람들에게는 일생을 살면서 네 가지 대규모 자금이 필요하다. 결혼자금, 주택마련자금, 자녀교육비, 노후준비자금이 그것이다. 결혼자금과 주택마련자금은 목돈을 모아 한꺼번에 큰돈이 나가지만, 자녀교육비와 노후준비자금은 오랜 기간 계속해서 지출되는 현금흐름이 발생한다.

예전에는 자금이 필요한 순서에 따라 결혼자금을 먼저 모은

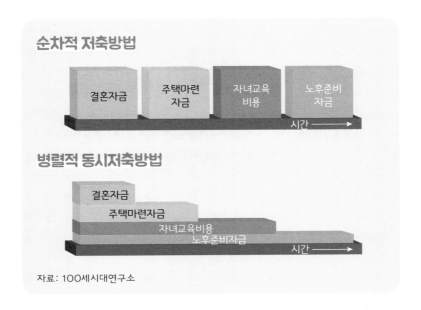

자료: 100세시대연구소

다음, 주택마련자금을 준비하는 식으로 순차적 저축방식을 사용했다. 그런데 이 저축방식은 주택마련을 우선시하다 보면 중요하지만 당장 급하지는 않은 노후준비를 미루게 되는 문제가 생긴다. 그래서 요즘은 '인생의 4대 필요자금'에 월급을 배분하여 동시에 저축하는 방법을 추천하고 있다. 이는 노후준비를 사회초년생 때부터 빨리 시작하는 장점이 있다.

대개 돈을 집중적으로 모을 수 있는 시기는 직장생활을 시작하는 시점부터 자녀가 중학교에 진학하기 전까지 15년 정도이다. 30대는 월급은 적지만 고정지출 비중이 낮아 돈을 많이 모을 수 있는 저축의 골든타임이다. 이 시기에 종잣돈을 집중적으로 모은 사람들이 40대 이후에 경제적으로 안정을 누릴 확률이 높다. 40대에는 월급이 훨씬 많아도 자녀교육비나 생활비가 큰 폭으로 늘어나 저축할 여력이 줄어들기 때문이다. 그래서 오랜 기간 적은 금액으로 준비해야 하는 노후준비자금과 자녀교육비는 일찍부터 저축을 시작하는 것이 유리하다.

사회생활을 시작한 30대라면 자산형성과 관리를 위한 5가지 팁, SMART를 실행해 보자.

30대를 위한 자산관리원칙 SMART

Save	월급의 50%를 저축하라
Medium	중위험 · 중수익을 추구하라
Asset Allocation	자산배분을 하라
Retirement Plan	3층 연금에 가입하라
Tax-saving	절세상품을 활용하라

자료: 100세시대연구소

📇 Save - 월급의 50%를 저축하라

사회초년생 때에는 학자금 대출이 없다면 적어도 월급의 50% 이상 저축하고, 생활비는 소득의 30~40% 수준을 넘지 않는 것이 바람직하다. 이 시기부터 약 15년 정도는 상대적으로 지출이 적어 인생에서 가장 많은 돈을 저축할 수 있는 저축의 황금기이다. 힘들더라도 이 시기에 종잣돈을 집중적으로 모아야 한다. 저축률을 높이는 가장 확실한 방법은 역시 급여통장에서 자동이체로 저축하는 것이다.

또한 상황이 허락한다면 맞벌이를 해서 저축금액을 늘리자. 신혼부부의 절반(47.5%)이 맞벌이를 하며, 맞벌이 부부의 평균소득은 7,364만원으로 외벌이 부부 평균소득인 4,238만원의 1.7배이다. 30대 가구 소득은 40~50대 가구보다 상대적으로 낮지만, 맞벌이 부부의 평균소득은 40대 가구의 평균소득인 7,425만원과 비슷하다. 저축할 수 있을 때 바짝 많이 해 목돈을 만들자. 훗날 결코 후회하지 않을 것이다.

📇 Medium - 중위험·중수익을 추구하라

자산관리를 시작하는 단계인 사회초년생은 중위험·중수

익 상품에 투자하는 것이 좋다. 사상초유의 저금리 기조가 이어지고 있으니 원리금보장형 상품은 물가상승률을 고려했을 때 실질금리가 마이너스나 다름없다. 반면 기대수익률이 높은 상품은 그만큼 리스크 또한 높다. 중위험·중수익 상품을 이용해 수익률과 안정성의 균형을 맞춰보자. 대표적인 상품으로는 자산배분형 펀드, 인컴형 펀드, 타겟데이트 펀드(TDF), 글로벌 리츠 등이 있는데, 이 상품들에 직접 투자하는 방식과 주식, 채권, 대안상품 등에 분산투자해 포트폴리오 리스크를 낮추는 방식도 있다.

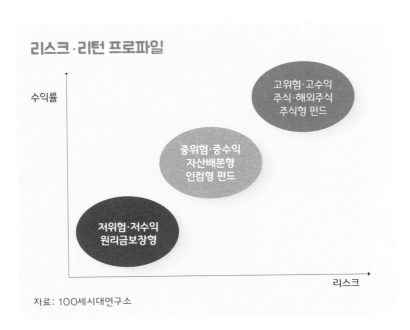

리스크·리턴 프로파일

수익률

고위험·고수익
주식·해외주식
주식형 펀드

중위험·중수익
자산배분형
인컴형 펀드

저위험·저수익
원리금보장형

리스크

자료: 100세시대연구소

30대는 적은 돈으로 투자공부를 할 수 있는 시기이기 때문에 다양한 자산에 분산투자하여 투자경험을 쌓는 것이 좋다. 30대에 충분한 경험을 쌓으면 자산이 늘어난 40대 이후에 본격적인 자산관리에서 실패를 줄일 수 있기 때문이다.

Asset Allocation – 자산을 배분하라

고성장·고금리 시대에는 원리금보장형 상품으로도 자산증식이 가능했지만, 저성장·저금리 환경에서는 이것만으로는 자산증식 효과를 기대할 수 없다. 자산이 2배가 되기까지 금리가 6%일 때는 12년이 걸리지만, 2%일 때는 35년, 1%일 때는 무려 70년이 필요하다. 자산을 한곳에만 두고 볼 수 없게 된 상황이다.

집중투자에 따른 위험을 피하면서 변동성을 낮추기 위한 가장 효율적인 방법이 분산투자이다. 국민연금의 자산배분을 눈여겨보며 분산투자의 방향을 가늠해보자. 국민연금의 자산배분 구성비를 보면 국내채권(43.8%)이 가장 많고, 다음으로 해외주식(22.6%), 국내주식(18.0%), 대체투자(11.5%) 순이다. 국민연금은 저금리 환경에 대응해 채권투자 비중을 축소하고 주식투자와 해외투자 비중을 꾸준하게 확대하고 있다. 우리나라는 이미

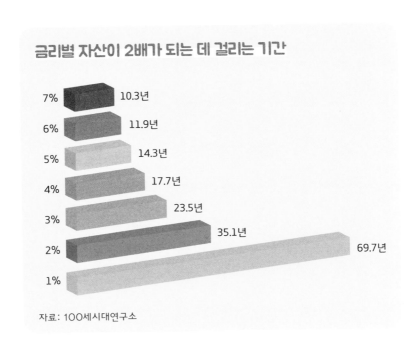

금리별 자산이 2배가 되는 데 걸리는 기간

7%　10.3년

6%　11.9년

5%　14.3년

4%　17.7년

3%　23.5년

2%　35.1년

1%　69.7년

자료: 100세시대연구소

저성장·저금리 국면에 진입했으니 적정수준의 자산수익률을
유지하려면 투자대상을 국내에만 한정하지 말고 글로벌 분산
투자를 해야 한다.

📖 Retirement Plan - 3층 연금에 가입하라

고금리 시대에는 이자소득만으로도 은퇴생활이 가능했지
만 저금리 환경에서는 힘들어졌다. 1~2%대 저금리로는 자산증

식도 어려워 목돈보다 연금의 가치가 더욱 빛을 발한다. 직장인들은 월급으로 노후준비를 해야 하기 때문에 한번에 많은 금액을 납입하기 어렵다. 따라서 적은 금액을 오랫동안 납입하면서 장기투자 효과를 극대화해야 한다. 노후준비는 빠르면 빠를수록 이득이다.

직장인이 은퇴자금을 모을 수 있는 가장 좋은 방법은 역시 3층 연금(국민·퇴직·개인연금)을 활용하는 것이다. 사회초년생 때부터 3층 연금만 잘 적립해도 안정적인 은퇴생활을 할 수 있음을 잊지 말자.

Tax-Saving - 절세상품을 활용하라

사회초년생들은 확실한 세제혜택이 있는 금융상품부터 챙겨서 가입하는 것이 좋다. 정부는 청년들의 자산형성을 지원하기 위해 여러가지 금융상품에 대해 세제혜택을 제공하고 있다.

'청년 우대형 주택청약종합저축'은 연소득 3,000만원 이하의 19~34세 무주택 세대주이면 가입할 수 있다. 국민주택과 민영주택 모두 청약이 가능할 뿐만 아니라, 2년 이상 가입하면 우대금리 혜택과 함께 이자소득 비과세와 연간 납입금액의 40% 내에서 소득공제 혜택도 받을 수 있다. 연금저축과 개인형 퇴

세제혜택이 있는 금융상품

구분	가입조건	가입한도	세제혜택
청년 우대형 주택청약저축	연소득 3,000만원 이하 19~34세 무주택 세대주	5,000만원	이자소득 비과세 소득공제
연금저축	제한 없음	연 1,800만원 (연금저축·IRP·DC합산)	최대 400만원까지 세액공제
개인형 IRP	소득이 있는 모든 취업자	연 1,800만원 (연금저축·IRP·DC합산)	연금저축 포함 700만원까지 세액공제

주: 과세기준 및 과세방법은 향후 세법개정 등에 따라 변동 가능.

자료: 100세시대연구소

직연금(IRP)에 가입하면 두 상품을 합해 연간 납입금액 700만 원까지 세액공제 혜택을 받을 수도 있다. 총급여액 5,500만원 이하는 16.5%(최대 환급액 115만5,000원), 5,500만원 초과시에는 13.2%(최대 환급액 92만4,000원)의 공제혜택을 받을 수 있다.

🗔 돈이 모이는 스마트한 지출전략, 3강 5칙

자산관리의 출발은 한정된 소득에서 지출을 통제해 저축과 투자재원을 확보하는 데서 시작된다. 이제 막 자산관리를 시작 하는 30대에게 효율적인 지출이 될 수 있도록 다음과 같은 3가지 행동강령과 5가지 원칙을 제안한다.

행동강령 ① 예산수립 후 계획적으로 지출하자.

가구의 소득수준을 정확하게 파악하는 게 먼저다. 그에 맞는 예산을 수립하고 계획적으로 지출하게 되면 저축 및 투자금액을 확보할 수 있다.

행동강령 ② 꼭 필요한 지출인지 심사숙고하자.

필수생활비용이 아니라면 소비지출이 필요한 이유를 3가지 찾아보고 구매를 결정하자. 충동구매로 인한 무분별한 지출을 예방할 수 있다.

행동강령 ③ 성과분석 후 목표달성시 보상하자.

예산수립에 따른 성과를 정기적으로 분석하자. 부족한 경우는 보완하고 목표를 달성했다면 작은 보상을 통해 동기를 부여하도록 노력하자.

원칙 ① 20~30대 주거비 효율성을 개선하자.

주거비 같은 고정비용 지출이 높은 경우 부모나 친구와의 동거를 통해 부담을 줄여보도록 하자. 당장의 작은 불편은 종잣돈이라는 결실로 보답할 것이다.

원칙 ② 30~40대 차량구입 눈높이를 낮추자.

버킷리스트에 저장해둔 차량에 눈이 멀어 무리하게 구입한다면 황새 따라가다 가랑이 찢어지는 수가 있다. 과도한 교통비 지출을 예방하기 위해서라도 차량구입 시기를 미루거나 눈높이에 맞추어 적절하게 타협하자. 차량은 살면서 하고 싶은 여러 버킷리스트 중 하나일 뿐이다.

원칙 ③ 40~50대 자녀교육비를 잘 통제하자.

40대 이후 무리한 자녀교육비 지출은 노후준비를 방해한다. 발생하는 교육비는 적절히 통제하고 앞으로 들어갈 교육비는 일정기간을 두고 미리미리 준비해 두자.

원칙 ④ 중산층, 통신비 적정수준을 점검하자.

통신비는 이제 필수생활비이다. 그러나 신제품이나 약정이라는 함정에 빠져서 필요 이상의 통신비가 지출되고 있지는 않은지 점검해 보자. 이를 위해서는 자신의 사용패턴을 점검하고 그에 맞는 적정 요금제로 갈아타는 게 먼저다.

원칙 ⑤ 비소비지출인 세금도 최대한 줄이자.

소비지출도 줄이는 마당에 비소비지출인 세금을 줄이는 것은 어찌보면 당연하다. 절세금융상품을 활용하는 것은 필수이다. 저축이나 투자를 할 때에도 연금저축이나 ISA(개인종합자산관리계좌) 같은 절세금융상품을 최우선으로 두고 활용하자.

슬기로운 맞벌이 경제생활

💳 빛 좋은 개살구

두 집 중 한 집은 맞벌이 가구인 요즘, 만약 두 사람 중 한 사람에게 실직 혹은 휴직과 같은 위기가 찾아오면 어떻게 될까? 고용노동부에 의하면 2020년 3월 실업급여 신청자 수는 15만 6,000명으로 전년대비 25% 이상 급증하였다. 코로나19의 경제위기가 맞벌이 가구에도 위협을 가하고 있는 것이다.

맞벌이 가구는 경제적으로 훨씬 여유롭다고 생각하기 쉽다. 실제 2019년 맞벌이 가구의 월평균 소득은 월 660만원으로 외

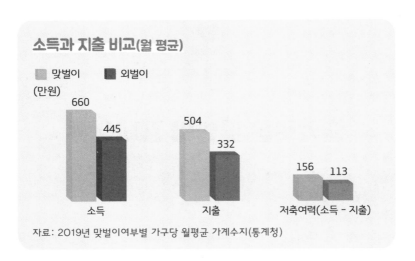

소득과 지출 비교(월 평균)

■ 맞벌이　■ 외벌이
(만원)

660　445　504　332　156　113

소득　지출　저축여력(소득 - 지출)

자료: 2019년 맞벌이여부별 가구당 월평균 가계수지(통계청)

벌이 가구(월 445만원)에 비해 약 1.5배 많다. 매월 215만원의 소득을 더 올리고 있으니 외벌이 가구보다 여유로운 상황이다. 그러나 월평균 지출을 살펴보면 상황은 달라진다. 맞벌이 가구의 월평균 지출은 504만원으로 332만원인 외벌이 가구에 비해 172만원 더 쓴다는 얘기다. 반면 맞벌이 가구의 저축여력은 156만원으로 외벌이 가구(113만원)에 비해 월 43만원 더 저축하는 데 그치고 있다. 즉, 전체 소득에서 지출이 차지하는 비중을 비교해 보면 맞벌이 가구 76.3%, 외벌이 가구 74.6%로 맞벌이 가구가 많이 버는 만큼 더 쓰고 있음을 알 수 있다.

🗂️ 어쨌든 소득 높은데 걱정할 필요 있을까?

맞벌이 부부가 장기적인 재무계획을 세울 때 하는 가장 큰 착각은 맞벌이가 계속될 것이라는 가정이다. 결혼 1년 이내인 경우 유자녀 비율은 2.3%이지만 결혼 4년 이상이 되면 유자녀 가구가 34.1%로 증가하면서 동시에 맞벌이 가구 비율은 87.2% 에서 58.3%로 하락한다. 맞벌이가 외벌이로 전환되어 소득은 줄어들지만, 자녀성장에 따른 교육비 지출이 높아져 가계재정

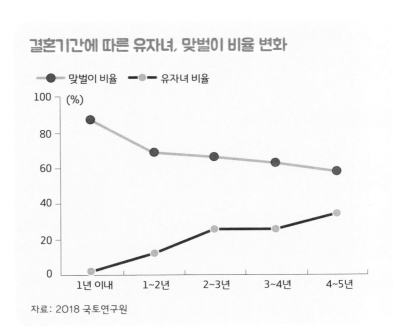

결혼기간에 따른 유자녀, 맞벌이 비율 변화

자료: 2018 국토연구원

이 적자로 돌아설 수 있다. 또한, 맞벌이 소득에 맞춰진 소비성향은 외벌이로 소득이 줄어도 그만큼 낮아지지 않는다. 신혼초기 생애주기별 다양한 변수를 고려한 재무 시뮬레이션이 필요한 이유이다.

하루 1시간도 제대로 대화를 못하고 산다는 우리나라 부부들에게 자산관리를 위한 대화를 강요하기에는 무리가 있다. 그러나 신혼이라면 가능하다. 재무관리에 대한 서로의 의견을 나누고 방향을 맞춰가는 과정을 거치면 맞벌이 가구의 경제적 효과를 높일 수 있다. 생애주기에 따른 장기적인 계획과 효율적인 지출관리를 위한 디테일한 방법론 모두 담아낼 수 있는 몇 가지 방법을 살펴보자.

🪧 허브통장을 만들자

가장 먼저 맞벌이 가구의 소득통합관리를 위해 허브(HUB)통장을 만들자. 한 조사결과에 따르면 맞벌이 가구의 54.4%가 배우자의 수입에 대해서 모른다고 응답했다.(경기도 여성능력개발센터 2015년) 부부간 서로 수입을 모르게 되면 통제받지 않은 지출이 늘어나 새는 돈도 많아지게 된다. 따라서 맞벌이 부부는 서로의 수입을 공개하고, 지출이 발생하기 전 허브통장에 두

허브통장 모으기와 쪼개기

남편 월급

아내 월급

허브(HUB)
통장

저축·투자
통장

비상금
통장

소비통장

자료: 100세시대연구소

사람의 월급을 합쳐놓아야 한다.

허브통장을 사용하면 돈의 흐름을 정확하게 파악할 수 있어
장기적인 재정계획을 세우기에도 좋다. 허브통장을 만들었다
면 여기서 자금의 용도에 따라 저축·투자통장, 소비통장, 비상
금통장 등으로 나누어 돈을 보낸다. 월급을 한곳에 모은 뒤 다
시 목적에 맞게 나누는 것이 맞벌이 자산관리의 첫걸음이다.

불필요한 지출을 줄이자

버는 만큼 쓰겠지만 불필요한 지출을 줄이는 것만큼 효과적인 자산관리도 없다. 지출을 줄이면 그만큼 저축여력이 높아지기 때문이다. 맞벌이 가구는 많이 버는 한 사람의 소득을 넘지 않게 지출계획을 세워야 탈이 나지 않는다. 이때 부부가 각각 얼마를 쓰는지 정확하게 알아야 한다. 두 사람이 각자 돈을 쓰기 때문에 지출을 정확하게 아는 것은 생각보다 쉽지 않다. 따라서 스마트폰 앱 등을 활용해 간략하게라도 두 사람 모두 가계부를 작성하는 것이 효과적이다.

부부가 처음부터 소비성향이 같을 수는 없다. 누군가는 더 큰 집에서 살고 싶어하고, 누군가는 더 좋은 차를 사고 싶어한다. 소비에 대한 가치관이 다르다 보니 지출에도 격차가 생기기 마련이다. 따라서 부부간의 대화를 통해 소비에 대한 눈높이를 맞춰 나가는 것이 중요하다.

종잣돈을 최대한 빨리 마련하자

맞벌이 부부는 저축을 계획할 때 시기별 목적에 맞는 종잣돈 마련을 염두에 두어야 한다. 아이가 태어나기 이전에는 고정적인 지출이 적다. 따라서 부부의 소득을 합쳐 돈을 가장 많이 모을 수 있는 시기이다. 이때 부부의 첫 종잣돈을 마련해 두면 주택마련의 기회를 잡을 수 있다. 또한 자녀가 초등학교에 입학하기 전에는 향후 발생될 교육비를 미리 저축하는 것이 좋다. 고등학교 입학 후 본격적으로 교육비가 증가하기 때문에 자녀교육비에 대한 계획도 세워두자.

노후를 위해 연금도 맞벌이하자

노후준비를 하고 있다는 사람 중 57%가 국민연금이다. 국민연금 2017년 기준 소득대체율은 20.8%로 추정되는데, 기준소득월액이 가장 높은 구간은 평균 수급액이 79만3,000원으로 대체율이 17.7%에 불과하다. 노후에도 연금 맞벌이가 가능한 구조를 만들어야 연금의 효과를 누릴 수 있는 셈이다. 따라서 맞벌이에서 외벌이가 되더라도 연금은 부부 모두 지속적으로 불입해야 목표한 노후금액에 도달할 수 있다.

경력단절 여성의 경우 국민연금 추가납입제도를 활용하여 납부예외기간 동안 납부하지 않은 보험료를 한꺼번에 납부할 수 있으며, 이직이 잦은 경우 퇴직금을 IRP에 계속 쌓아두어 연금수령시 저율 과세되는 혜택을 얻을 수 있다. 연금저축계좌는 부부 중 총 급여가 적은 배우자가 우선적으로 세액공제 한도금액까지 납입하는 것이 유리하다.

맞벌이 부부를 위한 금융우대혜택을 챙겨라

부부가 같은 은행을 주거래은행으로 선택하고 은행에 거래실적 합산을 요청하면 부부 모두에게 각종 우대혜택이 적용된다. 또한 일부 보험사는 부부가 여행자보험, 실손의료보험, 상해보험, 운전자보험 등을 동시에 가입하는 경우 보험료의 1~10%를 할인해 주고 있다. 카드 소득공제는 카드 결제금액이 연소득의 25%를 초과해야 하므로 소득공제 혜택이 유리한 배우자 카드를 집중해서 사용하자.

부부의 주거래은행이 다를 경우에는 파인(fine.fss.or.kr)의 자동이체통합관리(페이포)를 클릭하면 간편하게 주거래은행을 일원화할 수 있다. 부부가 같은 카드사에서 발급한 카드를 이용하는 경우 부부간 포인트를 합산하여 사용할 수도 있다. 이 경우에도 파인(fine.fss.or.kr)의 포인트 통합조회시스템에서 본인의 카드포인트를 확인할 수 있다.

슬기로운 맞벌이 경제생활을 위하여

대부분의 맞벌이 부부는 좀더 여유있는 경제생활을 위해 맞벌이를 시작한다. 따라서 부부가 번 돈을 잘 관리하고 지출을 줄이려는 노력이 반드시 필요하다. 맞벌이 부부의 경제를 100% 활용하기 위해서 가장 중요한 것이 '공동목표'와 '신뢰'이다. 부부의 재무 대화는 처음에는 어색할 수 있다. 서로의 소비습관을 비난하기보다 부부의 재무목표를 세우고 한달간 가계부를 점검하는 시간을 갖도록 해보자.

이렇게 맞벌이 부부가 자산관리를 함께 하면 결속력이 더욱 단단해지기도 한다. 작은 재무목표라도 먼저 세워본 뒤 이를 달성하게 되면 서로 칭찬해 주는 시간을 갖도록 하자. 당장 즐길 수 있는 해외여행, 명품소비, 화려한 외식 등 줄일 수 있는 항목을 조절하고 미래를 위한 저축을 늘려간다면 시간이 흐른 뒤 누구나 경제적 자유를 누릴 수 있다.

파이어족을 꿈꾸는 미국의 30대

30대 후반, 늦어도 40대 초반까지 조기에 은퇴하는 것을 목표로 극단적으로 지출을 줄이며, 소득의 70% 이상을 저축하는 파이어족(FIRE, Financial Independence Retire Early)이 젊은 세대의 새로운 라이프 스타일로 주목받고 있다. 파이어족은 2008년 글로벌 금융위기 이후 미국의 젊은 고학력·고소득 계층을 중심으로 확산되었다. 불확실한 미래에 대한 불안감과 회의감, 직장에서의 성공보다 본인의 일상과 행복을 중요하게 여기는 밀레니얼 세대의 가치관이 원인으로 작용했다.

파이어족이 조기은퇴를 목표로 한다고 해서 그것이 꼭 40대부터는 일을 하지 않겠다는 의미는 아니다. 돈을 벌기 위해 하고 싶지 않은 일을 하며 시간을 낭비하기보다는, 빠른 기간 내에 경제적 자유를 달성해 더 많은 시간에 진짜 하고 싶은 일을 하며 살겠다는 것이다.

파이어 전략 ① 명확한 목표를 세워라

미국의 파이어족은 연 생활비의 25배를 모으면 경제적 자유가 가능하다고 한다. 예를 들어 1년 동안 생활비로 4,000만원을 쓴다고 가정하면, 10억원을 모으면 된다. 이 돈을 부동산이나 주식에 투자해 연 5~6% 수익이 나면, 매년 4% 정도만 생활비로 사용해도 물가상승률과 시장 하락에 대비할 수 있다는 계산이다. 최근에는 투자가 쉽지 않은 저금리·저성장 시대를 고려해 25배 법칙이 아니라 33배의 법칙 또는 40배의 법칙이 적합하다는 의견도 있다.

경제적 자유에 도달하기 위한 명확한 목표자금을 설정하면, 목표달성을 위해 매년 얼마만큼의 돈을 모아야 하는지 알 수 있으므로, 목표자금을 어떻게 준비할 것인지 체계적으로 계획할 수 있다. 또한 소득수준이나 재무상황에 따라 목표한 자금의 준비기간을 더 단축하거나 연장하는 등 조절할 수도 있다.

목표 은퇴자금 설정 '25배의 법칙'

| 연 생활비 | × | 25 | = | 목표 은퇴자금 |

(예시) 연 4,000만원 × 25 = 10억원

주: 대한민국 평균연봉 39,472달러(OECD, 2018) 기준
자료: 100세시대연구소

파이어 전략 ② 불필요한 지출을 통제하라

파이어족이 되기 위한 첫 번째 요건은 근검절약이다. 이들은 소득의 70% 이상을 저축하기 위해 극도로 절약하고 절제하는 라이프 스타일을 실천하고 있다. 우리나라 30대 가구의 평균 소득에서 지출을 제외한 저축률은 34%에 불과하다. 특히, 소비 지출 항목 가운데 식료품(31%)과 기타 지출(27%)이 절반 이상을 차지해 계획적인 지출관리가 필요한 상황이다.

소크라테스는 행복의 비결에 대해 '행복은 더 많은 것을 추구하는 것이 아니라, 더 적은 것으로 행복해지는 능력을 키우는 데 있다'고 했다. 현재 지출을 크게 줄이기 위해서는 지출 중심의 라이프 스타일을 전면 개조하는 결단력이 필요하다. 이를 위해서는 가장 먼저 자신의 지출습관을 점검해 보고, 주요 지출항목을 살펴봐야 한다. 그 다음 지출의 우선순위를 정하고, 불필요한 지출은 과감히 줄여나가야 한다.

파이어 전략 ③ 부업으로 소득을 늘려라

지출을 줄이는 데 한계가 있다면 소득을 더 늘리는 방법을 검토해 봐야 한다. 소득을 늘리는 가장 효과적인 방법은 직장에서 자신의 가치를 높여 연봉을 높이는 것이다. 그러나 웬만한 고소득 전문직이 아니라면, 직장에서 받는 연봉만으로 단기간에 목표자금을 달성하기 어렵다.

부업을 통한 추가소득이 있다면 목표자금 달성을 앞당길 수 있다. 물론 직장생활을 하면서 부업을 하는 것이 쉬운 일은 아니다. 하지만 저렴한 물건을 사기 위해 인터넷 서핑을 하고 발품을 파는 것보다, 그 시간을 활용해 추가소득을 만드는 것이 조기은퇴에 더 효과적일 수 있다. 실제 대다수 파이어족은 본업을 유지하면서 블로그 및 유튜브를 통해 광고수입을 얻거나, 사업을 하거나 아르바이트를 하는 N잡러이다. 부동산 및 주식 투자를 적극적으로 활용해 추가수익을 얻기도 한다.

파이어 전략 ④ 저축하고 투자하라

같은 금액을 저축하더라도 어떻게 운용하느냐에 따라 목표자금을 마련하는 데 걸리는 시간은 달라진다. 즉, 투자를 통해 은퇴자산을 효과적으로 증식하는 방법에 대해서도 고민해 봐야 한다.

예를 들어 30대 가구 평균소득(5,982만원)의 70%를 저축(4,187만원)하여 목표자금 10억원을 준비한다고 가정할 때, 수익률이 0%라면 25.9년이 걸린다. 하지만 연평균 수익률이 3%라면 18.3년, 4%라면 17.1년, 5%라면 16.1년으로 준비기간이 줄어든다. 즉, 수익률이 1% 높아지면 은퇴가 1년 이상 빨라지게 된다.

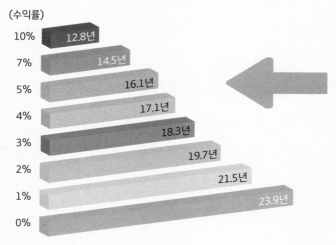

수익률별 10억원을 마련하는 데 걸리는 기간

(수익률)

10%	12.8년
7%	14.5년
5%	16.1년
4%	17.1년
3%	18.3년
2%	19.7년
1%	21.5년
0%	23.9년

가정: 연간 저축액 4,187만원(2018년 30대 가구 평균소득 연5,982만원의 70%)

자료: 통계청 가계금융·복지조사(2019)

단, 수익률을 높이기 위해서는 금융과 경제에 대한 지식과 경험이 요구된다. 높은 기대수익은 그만큼의 높은 위험을 동반하므로, 위험 대비 수익에 대해 충분히 이해하고 본인의 투자 성향과 재무목표 수준에 맞게 투자해야 한다.

파이어족의 위험요소

대부분의 파이어족은 연 생활비의 25배를 은퇴 목표자금으로 설정한다. 그러나 사실상 100세 시대에 진입한 우리나라에서는 계획보다 더 많은 은퇴자금이 필요할 수 있다. 게다가 은퇴를 앞당길수록 은퇴기간이 그만큼 증가한다는 점도 고려해야한다.

파이어족이 재정적 자립을 위해 은퇴자금의 대부분을 부동산이나 주식과 같은 투자수익에 의존해야 한다는 점은 유의해야 한다. 금융시장이 악화되면 은퇴 후 생활에 큰 차질이 생길 수 있기 때문이다. 따라서 요즘처럼 투자가 쉽지 않은 고령화, 저금리, 저성장 시대에는 꾸준한 투자수익률이 전제되어야 하는 FIRE보다 은퇴를 최대한 미뤄야 한다는 DIRE(Delay Inherit Retire Expire)가 필요하다는 의견도 있다.

파이어의 진정한 의미

행복을 위해 소비를 아끼지 않는 욜로족(YOLO: You Live Only Once)과 경제적 자유를 위해 최대한 돈을 모으는 파이어족은 표면적으로는 전혀 다른 삶의 방식으로 보인다. 그러나 자신이 원하는 삶, 행복한 삶을 추구한다는 점에서는 크게 다르지 않다.

파이어의 진정한 의미는 조기은퇴가 아니라, 내가 원할 때 내가 하고 싶은 일을 하며 살 수 있게 하는 경제적 자유에 있다는 것에 주목해야 한다. 조기은퇴를 목표로 하지 않더라도, 고소득 전문직이 아니더라도 파이어족처럼 돈 모으는 방법을 실천해 나간다면, 누구나 경제적인 자유를 앞당길 수 있을 것이다.

6장

은퇴 후,
자산관리는
지속되어야 한다

마이너스 금리시대의 자산관리

🪙 마이너스 금리, 실제가 된다

마이너스 금리 시대가 멀지 않았다. 보통 은행에 돈을 맡기면 금리에 따른 이자를 주고, 돈을 빌리면 이자를 갚아야 한다. 그런데 마이너스 금리를 적용하면 돈을 맡기면 보관료를 내고, 돈을 빌린 사람은 빌린 돈보다 적은 돈을 갚아야 하는 상황이 벌어지게 된다. 무슨 말도 안 되는 소리냐고? 하지만 이미 전세계 거래 국채의 3분의 1이 마이너스 금리 채권이다. 블룸버그에 따르면 전 세계적으로 마이너스 금리 채권 규모는 2019년 8

월 기준 16조8,000억달러(약 2경 원)에 달하고 있다. 마이너스 금리 시대에는 돈을 쓰지 않는 사람이 손해다. 은행에 돈을 맡기기보다 돈을 쓰거나 돈을 빌려 더 좋은 투자처를 찾는 게 이상적인 행동이다. 시장에 돈이 돌게 하려는 것이 바로 마이너스 금리의 목적이기 때문이다.

그럼 어쩌다 마이너스 금리 시대가 됐을까? 이는 고령화 추세와 관련이 깊다. 사람들의 수명이 길어지다 보니 현재의 소비를 위한 지출보다 장래의 소비를 위해 유보하려는 욕구가 커지게 된다. 따라서 저축이 늘어나게 되고 그만큼 금리가 떨어지게 되는 것이다. 많은 사람들이 당장 돈을 쓰지 않으려 하니

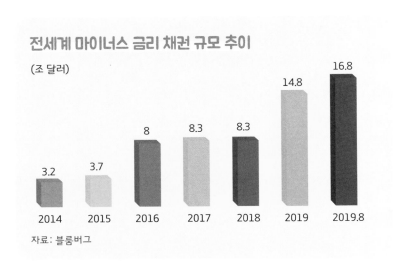

전세계 마이너스 금리 채권 규모 추이
(조 달러)

	2014	2015	2016	2017	2018	2019	2019.8
	3.2	3.7	8	8.3	8.3	14.8	16.8

자료: 블룸버그

오히려 돈을 쓰는 사람들이 대접받는 상황이 되는 것이다. 낮은 이자율로 보유한 화폐의 가치 상승을 기대하기 어렵다면 그 가치를 어떻게 유지시켜야 하는가가 관건이 된다.

그래도 채권투자?

마이너스 금리임에도 채권에 투자하는 사람들이 있다. 왜 그럴까? 먼저 미래 불확실성에 대한 안전자산 수요가 증가하는 데서 그 이유를 찾을 수 있다. 채권은 안전성 자산이기 때문에 기본적으로 보유할 수밖에 없다. 안전자산 선호현상이 높아질수록 채권을 찾는 사람들은 더 많아진다. 또한 마이너스 금리가 더 떨어질 수 있다는 예상도 채권에 투자하는 동기가 된다. 채권은 금리가 떨어지면 채권가격이 오르면서 자본차익을 얻을 수 있는 구조이기 때문이다. 더불어 디플레이션에 따른 원금의 구매력 상승도 요인이 된다. 마이너스 금리보다 물가가 더 떨어지면 그만큼 원금의 상대적 가치가 커지는 셈이다. 채권이 어느 나라 통화기준인지도 중요한 요인 중 하나이다. 미국, 일본과 같은 선진국의 통화가치가 좀더 잘 유지되기 때문이다.

인컴(Income)투자가 뜬다

전 세계적인 고령화로 인해 우리는 저금리 시대를 살고 있다. 현재의 소비를 미루면서 자산을 증대하기가 결코 만만치 않은 상황이다. 이에 따라 자산관리의 패러다임이 바뀌고 있다. 자산증대보다는 자산을 어떻게 분배해서 관리하느냐가 더 중요한 목표가 된다.

그래서 요즘 인컴투자가 뜨고 있다. '인컴(Income)'이란 이자나 배당처럼 정기적으로 지급되는 현금흐름을 말한다. 투자성과는 가격변동에 따른 자본손익과 이자, 배당 등 인컴으로 구성되는데, 과거에는 자본손익을 중요시했다면 이제는 인컴에

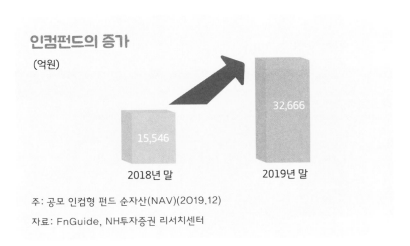

인컴펀드의 증가

(억원)

15,546 2018년 말

32,666 2019년 말

주: 공모 인컴형 펀드 순자산(NAV)(2019.12)
자료: FnGuide, NH투자증권 리서치센터

주목하고 있다. 단기 고수익을 목표로 하는 것이 아닌 정기적인 이자, 배당 등의 현금흐름을 창출하는 인컴자산에 투자하는 전략이 바로 인컴투자이다. 인컴자산의 대표적 유형인 인컴펀드의 경우 지난 1년간 2배 가까운 증가 추세를 보이고 있다.

인컴투자는 현재의 금융투자 환경을 고려했을 때 적절한 전략이기도 하지만 은퇴 후 자산관리 관점에서도 좋은 투자전략이다. 우선 예측가능성 측면에서 가격변동에 따른 자본손익은 예측하기가 쉽지 않지만 이자, 배당 등 인컴은 과거 경험치를 바탕으로 자본손익보다는 예측하기가 비교적 수월하다. 또 자본손익을 추구하는 경우 높은 가격 변동성을 감내해야 하지만 인컴자산은 상대적으로 변동성이 낮다. 안정성이 중요한 은퇴

자본손익과 인컴의 차이

구분	자본손익	인컴(Income)
예측가능성	어려움	비교적 쉬움
변동성	높음	낮음
발생기준	매매	보유
발생시점	매매시점	인컴배분 시점

자료: 100세시대연구소

후 자산관리에 유리한 점이다. 그리고 자본손익은 가격변동에 따라 매매했을 때 손익이 발생하는데, 인컴은 자산을 보유하고 있는 동안 인컴의 배분시점에 손익이 발생한다. 이 또한 규칙적인 현금흐름 창출이 필요한 은퇴 후 자산관리에 유리하다.

노후파산을 막아주는 4% 룰

그럼, 보유한 자산으로 인컴을 어느 정도 만들면 적당할까? 노후자산을 얼마만큼씩 인출해 가면 적당한지를 논할 때 많이 언급되는 것이 미국 재무관리사 윌리엄 벤젠의 '4% 룰(Rule)'이다. 주식과 국채에 절반씩 투자 후 최초 노후자산에서 4%를 인출하고 이후 직전연도 인출 금액에 물가상승분을 더해 매년 인출하는 방식이다. 미국 금융시장 데이터를 바탕으로 이 방법을 적용했을 때 최악의 경우라도 30년간은 노후자산 인출이 가능하다는 결과가 나왔다.

노후파산을 막아주는 4% 룰

1. 은퇴 첫해 인출액 = 은퇴시점 금융자산 × 4%

2. 다음해 인출액 = 직전년도 인출액 × 물가상승률

4% 룰을 은퇴 후 자산관리에 적용한다면 모아진 노후자산을 인컴자산들에 배분하고 총 금액의 약 4% 정도 인컴이 발생하게 만들면 된다. 물가상승분을 나이 들어감에 따른 소비감소분으로 상쇄하여 4%만 인출한다면 노후자산의 사용기간을 좀 더 길게 가져갈 수도 있다.

▦ 은퇴 후 자산관리 ① 연금소득 따져보기

3층 연금을 중심으로 연금소득을 언제부터 어느 정도 받을 수 있는지 먼저 확인해 보자. 많은 사람들이 가입되어 있는 국민(공적)연금은 적지 않은 금액을 사망할 때까지 받을 수 있는 훌륭한 연금소득이다. 하지만 국민연금을 수령받기 시작하는 시기보다 은퇴시점이 빠른 경우가 많다는 점에 주의해야 한다. 이러한 소득공백기는 퇴직연금이나 개인연금으로 대비하자.

특히, 퇴직연금의 경우 일시금으로 찾으려는 유혹을 떨쳐내고 가능한 길게 연금으로 받는 것이 좋다. 여기에 연금저축 등 개인연금이 만들어주는 현금흐름까지 따져도 희망하는 노후 생활비에서 부족한 금액이 발생한다면 대응방안을 고민해봐야 한다. 금융감독원의 '통합연금포털'을 활용하면 쉽게 확인해볼 수 있다.

우리나라의 연금제도 체계

자료: 100세시대연구소

🗂 은퇴 후 자산관리 ② 인컴 포트폴리오 만들기

3층 연금만으로 희망하는 노후생활비를 충족할 수 있다면 가장 베스트이다. 하지만 대부분 그렇지 못한 것이 현실이다. 그래서 노후를 대비해서 모아둔 금융자산이 있다면 그 자산을 활용해서 인컴 포트폴리오를 만들어주어야 한다.

다시 말하지만 인컴투자는 자본차익보다 보유에 따른 인컴을 목적으로 하는 투자이다. 안정적이면서도 최대한 많은 인컴

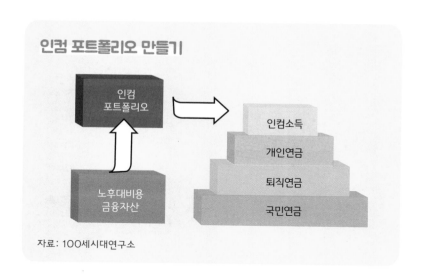

인컴 포트폴리오 만들기

인컴
포트폴리오

노후대비용
금융자산

인컴소득

개인연금

퇴직연금

국민연금

자료: 100세시대연구소

을 가져다줄 인컴자산을 찾는 과정이 필요하다. 인컴자산 역시
인컴 포트폴리오를 만들어 대응하는 게 좋다. 상대적으로 낮은
변동성이기는 하지만 예상치 못한 상황을 대비하기 위해서는
인컴자산 역시 포트폴리오 차원에서 접근해야 한다. 이자가 나
오는 채권, 고배당 주식이나 리츠 등 다양한 인컴자산을 활용
하자.

🗂 은퇴 후 자산관리 ③ 다양한 인컴 만들기

연금도 부족하고 따로 모아둔 금융자산도 없다면 어떻게 해

야 할까? 가장 쉬운 방법은 일을 통해 인컴을 만드는 것이다. 은퇴 후 일을 하는 것, 즉 노동활동은 월급이라는 현금흐름(인컴)을 만들어준다. 우리나라는 물론 미국과 같은 선진국에서도 고령(65세 이상)인구의 경제활동이 최근 들어 다시 증가하는 추세이다. 은퇴 후에도 일을 하는 것은 건강에도 도움이 되며, 사회적 관계를 유지시켜 주는 부가적인 기능도 얻을 수 있다.

부동산에 너무 많은 자산이 몰려 있다면 어떻게 해야 할까? 이런 경우 그 대상이 사는 집이라면 주택연금을 활용하는 방법이 있다. 임대를 목적으로 하는 부동산이라면 임대료라는 인컴이 발생하므로 크게 걱정하지 않아도 된다. 길어진 인생만큼 다양한 인컴 만들기 전략이 있다. 다만 상황에 맞게 잘 대응하는 것이 중요하다.

인컴 포트폴리오 만들기

인컴(Income)은 회사로부터 받는 '월급', 세입자에게 받는 '월세'와 같이 정기적으로 발생하는 소득이나 수익을 말한다. 어느 시점에 어느 정도 발생할지 예측 가능한 소득이라 할 수 있다. 은퇴 후에 연금을 수령하거나 일자리를 통해 인컴을 만들 수도 있지만, 금융상품을 통해서도 인컴을 만들 수 있다. 금융에서 인컴이란, 매매와 상관없이 자산을 보유하는 동안 주기적으로 얻을 수 있는 금전적 이익을 말한다. 채권이자, 주식배당, 부동산 임대수익 등이 이에 해당된다.

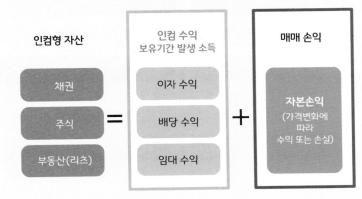

자료: 100세시대연구소

인컴형 자산의 대표주자, 채권

대표적인 인컴형 자산은 채권이다. 채권은 발행하는 시점부터 앞으로 받게 될 이자와 원금이 확정되므로 미래 현금흐름을 가장 쉽게 예측할 수 있다.

채권의 종류는 안정성과 수익성에 따라 다양한데, 정부가 발행하는 '국채'부터 높은 재무안정성을 갖춘 기업이 발행하는 '투자등급 채권', 재무안정성은 낮지만 높은 이자를 제공하는 '하이일드 채권'도 있다. 선호하는 채권은 투자자에 따라 달라질 수 있다. 일정수준 위험을 부담하더라도 기대수익률을 높이

다양한 채권의 종류

국채	회사채
전세계 정부에서 발행하는 채권	전세계 기업이 발행하는 채권
투자등급 채권	**하이일드 채권**
신용등급 BBB-(Baa3) 이상 상대적으로 우량한 채권	신용등급 BB+(Ba1) 이하 하위등급 채권(투기등급 채권)
확정금리부 채권	**변동금리부 채권**
확정된 금액의 이자를 지급	시장금리에 따라 변동금리 지급

자료: 100세시대연구소

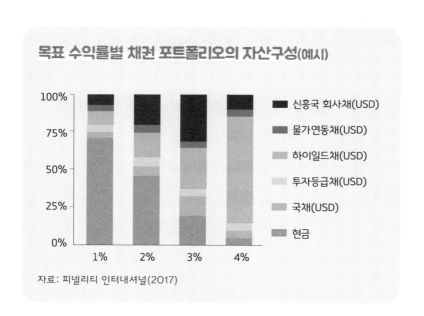

목표 수익률별 채권 포트폴리오의 자산구성(예시)

범례:
- 신흥국 회사채(USD)
- 물가연동채(USD)
- 하이일드채(USD)
- 투자등급채(USD)
- 국채(USD)
- 현금

자료: 피넬리티 인터내셔널(2017)

고자 하는 투자자는 신흥국 국채, 하이일드 채권 등을 선호할 수 있다. 반대로 수익성보다 안정성을 중요시하는 투자자는 선진국 국채, 투자등급 회사채 등 신용등급이 높은 채권에 주로 투자하는 것이 적합하다. 글로벌 채권 운용사들은 목표수익률에 따라 다양한 종류의 채권에 투자하고 있다.

💳 저금리·저성장 시대의 맞춤, 고배당주

채권처럼 주식도 보유하고 있으면 꾸준히 발생하는 인컴이 있다. 바로 배당이다. 기업은 1년 동안 벌어들인 수익을 재투자할 수도 있지만, 수익의 일부를 주주들에게 현금 또는 주식 배당으로 나눠줄 수도 있다. 인컴형 자산으로서의 주식은 안정적인 수익을 기반으로 주주에게 더 많은 배당을 주는 주식, 즉 '고배당주'를 의미한다. 주식은 대표적인 위험자산이지만, 몇 년 사이 배당수익률이 정기예금금리보다 높아지면서 고배당주가 저금리·저성장 시대 안정적인 투자처로 주목받고 있다.

여기서 글로벌 고배당주에도 관심을 가질 필요가 있다. 국내 주식의 배당수익률은 주요 국가에 비해 여전히 낮은 편이기 때문이다. 글로벌 고배당주는 더 많은 인컴 수익 기회를 제공할 뿐 아니라, 배당주기와 배당시점이 다양해 잘 조합하면 매달 월급처럼 배당을 받을 수 있다.

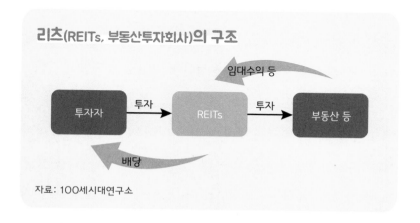 대체투자자산을 통한 인컴, 부동산·인프라

채권, 주식처럼 전통적인 투자자산은 아니지만, 부동산이나 인프라 시설 등 대체투자자산을 통해서도 인컴 수익을 기대할 수 있다. 자산을 보유하는 동안 계속 얻을 수 있는 부동산 임대 수익, 고속도로 통행료 수익 등이 대표적이다.

부동산 임대수익은 개인이 직접 부동산에 투자하여 얻을 수도 있지만, 부동산 펀드 및 리츠(REITs)와 같은 간접투자상품을 활용하면 소액으로도 부동산에 투자할 수 있다. 도로, 항만, 터널 등 사회간접자본(인프라) 수익 역시 인프라 펀드를 통해 나눠

리츠(REITs, 부동산투자회사)의 구조

임대수익 등

투자자 → 투자 → REITs → 투자 → 부동산 등

배당

자료: 100세시대연구소

258

가질 수 있다. 특히 리츠는 주식시장에서 일반 주식처럼 거래할 수 있고, 부동산 임대수익 등 발생 수익의 90% 이상을 배당으로 지급받을 수 있다. 이처럼 상대적으로 높은 리츠의 배당수익률에 투자자의 관심이 몰리고 있다. 국내 리츠시장은 아직 초기 단계이지만 해외로 시야를 넓히면 더 많은 투자기회를 가질 수 있다.

분산투자는 필수

인컴형 자산은 꾸준히 현금흐름이 발생하는 자산이다. 충분한 기간 동안 인컴이 발생한다면, 자산가격에서 손실이 발생하더라도 어느 정도 만회할 수 있다. 인컴형 자산은 다른 위험자산에 비해 상대적으로 변동성이 낮은 편이지만, 위험자산이므로 원금손실 위험을 고려해야 한다. 원금손실 위험을 줄이기 위해서는 채권, 배당주, 부동산 등 다양한 자산 및 지역 간 분산투자를 통해 개별 리스크를 줄여야 한다. 계란을 한 바구니에 담지 말라는 투자격언은 인컴투자에도 해당한다.

인컴형 자산에서 분산투자는 원금손실 위험을 낮출 뿐만 아니라 꾸준한 인컴 수익을 가능하게 한다. 예를 들어 배당주에 투자하는 경우, 기업이 어려워지면 배당을 줄이거나 지급하지

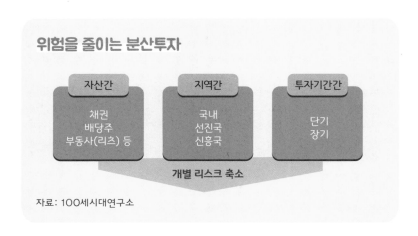

위험을 줄이는 분산투자

자산간	지역간	투자기간간
채권 배당주 부동산(리츠) 등	국내 선진국 신흥국	단기 장기

개별 리스크 축소

자료: 100세시대연구소

않을 수 있다. 인컴 수익원을 다양화하면 전체적으로 꾸준한 인컴 수익을 얻을 수 있다는 얘기다.

쉽게 하는 분산투자, 인컴펀드/ETF

보유한 자산으로 인컴을 어느 정도 만들면 적당할까? 인컴 펀드를 활용하면 하나의 상품으로 분산투자 효과를 기대할 수 있다. 분산투자 효과를 더 높이기 위해서는 전세계 다양한 인 컴형 자산에 투자하는 글로벌 멀티에셋형 인컴펀드에 관심을 가지는 것도 좋다.

인컴형 자산에 대한 투자자의 관심이 증가하면서, 인컴펀드 시장도 급성장하고 있다. 2019년 12월 말 공모 인컴형 펀드의 순자산은 3조2,700억원으로 2019년에만 무려 1조7,100억원의 자금이 유입되었으니 말이다. 펀드뿐만 아니라 ETF를 통해서도 인컴형 자산에 투자할 수도 있다. 글로벌 시장에서는 이미 다양한 인컴ETF가 존재하며, 국내에서도 연이어 출시되고 있다. 일반적으로 인컴펀드는 인컴 수익을 재투자하는 데 비

해외 상장 주요 인컴ETF

ETF 종목명	티커	구분	배당주기
iShares iBoxx $ Investment Grade Corporate Bond ETF	LQD	미국 투자등급채	1개월
iShares iBoxx $ High Yield Corporate Bond ETF	HYG	미국 하이일드채	1개월
iShares JP Morgan USD Emerging Markets Bond ETF	EMB	신흥국채권 (USD)	1개월
Vanguard High Dividend Yield Index ETF	VYM	미국 고배당주	3개월
iShares Core US REIT ETF	USRT	미국 리츠	3개월
Vanguard Global ex-U.S. Real Estate Index ETF	VNQI	글로벌 리츠 (미국 제외)	3개월

주: 해외ETF는 환율변동에 따라 손실이 발생할 수 있으며, 거래 시 수수료(국가별 상이) 및 보수가 발생할 수 있음(ETF별 상이)

자료: 블룸버그

해, 인컴ETF는 인컴 수익을 직접 지급받을 수 있다. 즉, 인컴펀드는 장기투자자에게, 인컴ETF는 은퇴자에게 더 적합하다.

🗂️ 인컴 포트폴리오 체크포인트

은퇴자는 일반 투자자보다 다소 보수적인 투자성향을 가진 경우가 많다. 그렇다고 안정적인 은행예금으로만 은퇴자산을 관리하기에는 이자가 너무 적다. 중위험·중수익을 목표로 인컴형 자산으로 포트폴리오를 구성하는 것이 바람직하다.

적정 인컴수익률은 물가상승률보다 높은 연 3~5% 수준이 바람직하다. 수익률이 다소 아쉬울 수 있지만 기대수익률이 높아질수록 위험도 높아짐을 고려하지 않을 수 없다. 은퇴자산은 크게 손실을 보면 복구할 수 있는 시간과 재원이 부족하다. 인컴 수익이 지속가능한 것인지, 인컴 수익에 영향을 미치는 위험요인은 무엇인지 관심을 갖고 정기적으로 점검하는 것도 중요하다.

은퇴 후 자산관리를 위한 다음 6가지 인컴 포트폴리오 체크포인트는 다음과 같다.

- ☑ 자본수익률보다 인컴수익률이 중요
- ☑ 목표 인컴수익률은 연 3~5%
- ☑ 인컴수익률은 예측가능 범위에서 꾸준히 유지되어야 한다.
- ☑ 채권, 배당주, 리츠 등 다양한 인컴형 자산에 골고루 투자하자.
- ☑ 해외 인컴형 자산은 선택이 아닌 필수!
- ☑ 인컴 수익에 영향을 미치는 위험요인에 관심을 가져야 한다.

은퇴 후 돈맥경화,
현금흐름으로 돌파하기

노후자금에도 돈맥경화가 생긴다

2020년 2월 한국경제연구원에서 한국의 통화유통 속도가 떨어졌다는 보고서를 발표하자 한국의 경제혈류가 막혔다며 돈맥경화현상의 심각성을 각 언론에서 대대적으로 보도했다. 돈은 있지만 돈이 돌지 않는 현상, 이는 비단 국가경제에만 나타나는 것이 아니라 가계경제, 특히 은퇴 이후에도 존재한다.

은퇴 이후 돈맥경화는 현금소득 창출이 힘든 경우와 현금화하기 어려운 자산 형태로 있을 경우 나타난다. 은퇴 이후에는 월급처럼 정기적인 소득이 중단되기 때문에 현금흐름이 생애주기 중 어떤 시기보다 중요하다. 노후자산에 현금비중이 크지 않거나 소득창출이 힘들다면 현금을 만들어내는 방법을 찾아야 한다.

한국경제의 돈맥경화 원인은 복합적이다. 미중 무역분쟁과 일본 수출규제 조치 등 직접적인 경제원인도 있지만 고착화된 저출산, 고령화라는 사회적 트렌드도 한몫한다. 김정식 연세대 경제학과 명예교수는 한 기사에서 돈맥경화의 원인을 두고 "소비의 주체인 기성세대가 고령세대로 넘어가면서 경기불안에 따른 은퇴준비에 여념이 없어 저축만 늘린다"고 했다.

이와 관련해 자산소득보다 근로소득이 늘어야 고령층 소비가 증가한다는 내용을 담은 국회예산정책처의 보고서는 의미심장하다. 은퇴세대 가계의 현금흐름이 곧 경제의 돈맥경화를 해결할 수 있는 요인이 되기 때문이다. 현금흐름은 은퇴자와 국가 모두에게 막혀서는 안 되는 존재이다.

소득창출의 대표주자, 나! 제2의 일자리

소득창출의 대표적인 방법은 일자리이고, 일자리의 가장 큰 자산은 본인 자신이다. 자신에게 투자하고 자격증도 따서 '일을 해서 소득을 버는 나'를 만드는 것이 초장수시대에는 가장 가치있는 일이 될 수 있다.

일반인이 희망하는 퇴직연령은 68세이지만 실제로 퇴직하는 나이는 49세이다. 퇴직 후 제2의 일자리를 찾아 60세 이상

필요노후자산과 제2의 일자리 효과

58년생 기준
- 국민연금 수급 개시 62세
- 국민연금 수령금액 93만원(20년 가입기준)
- 기대수명 83세
- 적정노후생활비 291만원
- 60세 이상 평균 근로소득 163만2,000원(2019 통계청)

실제 퇴직나이 49세		희망 퇴직나이 68세
필요노후자산	34년간 매월 291만원(소비감소 고려 60%)	712,368,000원
국민연금	21년간 월 93만원	234,360,000원
일자리 소득	19년간 월 160만원 소득 가정	364,800,000원

일자리 소득이 전체 필요노후자산 중 51% 비중으로 기여할 수 있음

노후자산 부족분	113,208,000원

자료: 2019가계금융 · 복지조사(통계청), 국민연금공단(2019.6월 기준), 2018년 기준 기대여명 82.7세(통계청)

평균 근로소득인 월 160만원을 19년간 벌 수 있다면 물가상승률을 제외하더라도 3억6,480만원의 자산을 갖고 있는 것과 같다.

일자리를 통한 소득과 그동안 부은 국민연금까지 고려하면 퇴직 후 30년 동안 최소 10억원이 필요하다는 공포마케팅에서 어느 정도 벗어날 수 있다. 그 필요 금액의 일부는 이미 당신이 갖고 있기 때문이다.

저도 취준생인데요

이러한 흐름에 맞춰 은퇴 이후에도 계속해서 직업을 구하는 '시니어 취준생'이 증가하고 있다. 시니어 취준생이 청년 취준생과 다른 점이라면 구직 이유가 보다 폭넓다는 것이다. 생계 목적뿐만 아니라 일 자체에서 느끼는 보람을 위해, 혹은 관심은 있었지만 평생 미뤄왔던 일에 도전하고 성취하기 위해 취업을 하기도 한다.

퇴직 이후 성공적인 취업을 위해서는 무엇보다 퇴직 전 준비가 가장 중요하다. 그리고 퇴직 직후 공백없이 일을 연장해 나가는 게 좋다. 특별히 염두에 둔 일이 없다면 평생 몸담았던 업무의 전문성을 살리는 것을 우선으로 살펴보고, 청년 취준생

시니어 취업지원 제도

중장년 일자리 희망센터	만 40세 이상 중장년 재직자, 퇴직자 대상 생애경력 설계 및 전직, 취업 서비스 무료 제공 www.work.go.kr
시니어 인턴십	한국노인인력개발 주도, 만 60세 이상 노인을 고용한 기업에게 보조금 지급 및 만 60세 이상 노인 대상 취업 지원 맞춤형 노후 정보 포털 100세누리 www.100senuri.go.kr
한국시니어클럽 협회	전국 172개의 시니어클럽을 운영하는 노인 일자리 직원기관. 각 지역 클럽 홈페이지에서 일자리 검색 및 신청 www.silverpower.go.kr
중장년 기술 창업센터	만 40세 이상 중장년(예비)퇴직자 대상 원스탑 형태의 창업지원 서비스 제공. 전국 27개 센터 운영 www.k-startup.go.kr
서울시 주관 취업/교육	서울시 50플러스 재단 www.work.go.kr 서울시 어르신 취업지원 센터 www.goldenjob.or.kr

자료: 100세시대연구소

한테는 없는 인적 네트워크를 최대한 활용하는 게 유리하다.
만약 새로운 직업에 대한 준비가 필요하다면 공백기간을 대비
한 여유자금을 미리 준비해야 한다.

집이 노후자금의 밑천이 되는 방법

자녀의 결혼까지 책임지고 뒷바라지하며 나의 노후준비는

생각할 틈도 없이 살아왔던 세월, 그 끝에는 나와 집 한 채만 남아 있다. 당장 생활비를 쓰려니 막상 현금이 없다. 이런 경우 노후자금 마련으로 주택을 활용하는 것도 좋은 방법이다. 같은 지역의 작은 주택으로 이사하거나 가격이 낮은 다른 지역으로 이사하여 그 차액을 노후자금으로 활용하는 것이다.

이처럼 주택을 현금화하는 방법 중에는 주택연금을 가장 추천한다. 주택을 담보로 연금을 수령하는 대출상품이지만, 주택소유권을 잃지 않고 평생 거주하면서 종신으로 연금을 받을 수 있는 것이 가장 큰 장점이다. 대출이자도 주택연금 신청자가 사망한 이후 주택을 처분해 상환하는 구조로 당장 이자부담도

부동산 유동화 방법

대출 (주택연금)	주택을 담보로 주택연금 수령
축소	같은 지역 작은 주택으로 이사 (작은 평수 or 평당 낮은 가격으로 축소)
이전	가격 낮은 다른 지역으로 이사 (서울 중심지 → 서울 외곽 및 경기도)
임대	주택 축소 후 차액으로 부동산 매입 혹은 신규 매입 후 임대 (오피스텔, 상가, 소형 아파트 등)

자료: 100세시대연구소

주택연금 가입 기본 정보

주택연금이란?	소유주택을 담보로 맡기고 평생 혹은 일정한 기간 동안 매달 연금 방식으로 노후생활자금을 지급받는 국가보증 금융상품(역모기지론)
가입 대상	대한민국 국적인 주택 소유자 또는 배우자가 만 55세 이상
대상 주택	부부 기준 9억원 이하 주택. 다주택자는 합산가격이 9억원 이하 (2020년 10월 현재 시가 기준. 추후 공시가격으로 변동 가능)
가입시 비용	보증료(연금 종료시점에 정산) - 초기 보증료: 주택가격의 1.5% - 연보증료: 보증 잔액의 연 0.75%를 매월 나눠서 납부

자료: 한국주택금융공사

덜 수 있다. 주택연금 이용은 노후자금에서 기본인 '안정성'과 '지속성'을 겸비한 방법이다.

100세 시대에 주택은 상속의 가치를 잃고 있다. 이런 사회적 흐름을 반영하여 주택연금 누적가입자 수도 2009년 2,334명에서 2019년 말 기준 7만1,034명이 됐다. 주택연금 평균 가입 나이는 72세, 평균 주택가격은 2억9,700만원, 평균 월지급금은 101만원이다.

2020년 2월 3일 기준으로 주택연금 신규가입자부터 월지급금이 조정돼 월 수령액은 기존 대비 최대 4.7%(평균 1.5%) 증가한 금액을 지급받게 된다. 특히 주택가격이 1억5,000만원 미만

주택연금 월지급액 예시(종신지급방식, 정액형)

주택가격	60세	65세	70세	75세	80세
3억원	62만원	75만원	92만원	115만원	147만원
4억원	83만원	100만원	123만원	153만원	196만원
5억원	104만원	125만원	154만원	192만원	245만원
6억원	125만원	151만원	184만원	230만원	294만원
7억원	146만원	176만원	215만원	268만원	327만원
8억원	166만원	201만원	246만원	294만원	327만원
9억원	187만원	226만원	272만원	294만원	327만원

자료: 한국주택금융공사(2020.2.3. 기준)

주택연금 우대형과 일반 종신지급형 월지급액 비교 예시

주택가격	비교	60세	70세	80세
7,000만원	일반종신	14만원	21만원	34만원
	우대방식	16만원	24만원	40만원
1억원	일반종신	20만원	30만원	48만원
	우대방식	23만원	35만원	57만원
1억3,000만원	일반종신	27만원	39만원	63만원
	우대방식	30만원	45만원	73만원

자료: 한국주택금융공사(2020.2.3. 기준)

이고 기초연금 수급자인 1주택 소유자들은 우대형 주택연금 가입을 적극적으로 고려하는 게 좋다. 2019년 12월 2일부터 우대형 주택연금에 신규로 가입하는 신청자는 월수령액을 일반 주택연금보다 최대 20% 더 지급받고 있으니 말이다.

🗨️ 여전히 노후의 로망, 부동산 임대수익

노후에 안정된 현금흐름이 발생할 수 있는 부동산 임대소득으로 사는 것은 대부분의 은퇴자들에게 로망이다. 저금리 기조가 고착화되어 더이상 예적금 등의 이자소득을 기대할 수 없는 상황에서는 더욱 그러하다.

한국감정원의 전국 상업용부동산에 대한 2019년 4분기 임대시장 동향조사에 따르면, 연간 임대수익률 전국 평균은 오피스 4.23%, 중대형 상가 3.97%, 소규모 상가 3.53%, 집합상가 4.48% 순이었다. 오피스, 중대형 상가, 소규모 상가, 집합상가 등 상업용 부동산의 2019년 연간 투자수익률은 5~7%대로 다른 투자상품보다 높은 수익률을 나타냈다. 2019년 금리하락으로 상업용 건물에 대한 투자수요가 유입되면서 오피스 및 상가 모든 유형에서 자산가치가 상승하는 모습을 나타냈다.

그러나 한국감정원이 제공하는 2013년부터 2019년까지의 추이를 보면 상업용 부동산의 임대가격지수는 지속적으로 하락하고 있고 공실률은 2016년까지 상승 후 횡보하고 있다. 부동산 임대소득은 여전히 각광받는 노후 소득원이지만 실질수익이 예전만 못하다는 것이다. 또한 주택임대소득자라면 2020년부터 달라지는 소득세를 확인해 봐야 한다. 기존 비과세였던 연 2,000만원 이하 임대소득도 2019년 귀속분부터 소득세가 과세되기 때문이다. 다만 연2,000만원 이하 소득자는 분리과세와 종합과세 중 선택이 가능하다. 부부합산 기준 집이 2채라면 연

2020년부터 달라지는 부동산 제도 체크사항

주택 임대소득 과세	기존) 주택 전월세 연간 수입 2,000만원 이하 비과세 개정) 연 2,000만원 이하 임대소득도 2019년도 귀속분부터 소득세 과세, 2020년도 세무 신고사항 - 연 2,000만원 이하 소득자는 분리과세와 종합과세 중 선택 가능 - 부부합산 주택 2채라면 연간 월세소득에 대해, 3채 이상이라면 월세와 보증금 3억원 초과분에 대해 간주하고 임대료를 계산해 6월 1일까지 신고
실거래 신고기간 단축	2월 21일부터 부동산 실거래 신고기한이 60일에서 30일로 단축. 계약이 무효나 취소가 되는 경우도 해제 등이 확정된 날로부터 30일 이내 신고 과태료) 신고기한 어길 경우 500만원 이하 과태료 　　　　허위 계약 거짓 신고할 경우 3,000만원 이하 과태료

자료: 100세시대연구소

간 월세소득에 대해, 3채 이상이면 월세와 보증금 3억원 초과
분에 대해 간주하고 임대료를 계산해 신고해야 한다.

고령 농업인의 노후를 돕는 농지연금

농지연금은 농지를 담보로 제공하고 일정 기간(5년~종신) 연
금을 수령하는 '농촌형 역모기지 제도'로 2011년에 첫 도입
되었다. 농가의 65세 이상 고령인구 비율은 2018년 44.7%로
14.3%인 우리나라 전체 고령인구의 3배를 넘어서고 있다. 그만
큼 고령 농업인의 노후대책이 절실하다.

농지연금은 충분하지는 않지만 안정적인 연금수령으로 현

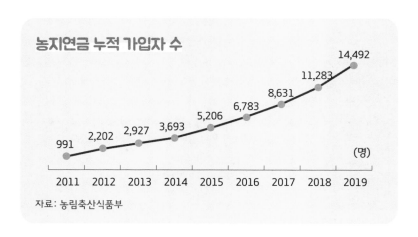

농지연금 누적 가입자 수

2011	2012	2013	2014	2015	2016	2017	2018	2019
991	2,202	2,927	3,693	5,206	6,783	8,631	11,283	14,492

(명)

자료: 농림축산식품부

금흐름을 만들 수 있다. 농지연금 가입자는 농지 소유권을 유지하면서 가입 농지를 직접 경작하거나 임대해서 추가소득을 올릴 수도 있다. 또한 수급자가 수령기간 중 사망해도 배우자가 승계해서 연금을 계속 받을 수 있다는 장점이 있다.

이런 혜택 덕분에 현재 농지연금이 주택연금과 견줄 만한 수준으로 성장하고 있는데, 한국농어촌공사에 따르면 2019년 12월말 기준 누적 가입자 수가 1만4,492명으로 전년대비 22.1% 증가했다. 농지연금은 2019년부터 담보농지의 감정평가액 반영률을 기존 80%에서 90%로 상향하는 등 지속적인 제도 개선이 이루어지고 있다. 이에 따라 2019년 1월 11일 이후 신규 가입자부터는 월 연금액도 최대 20% 증가했다.

도시인도 농지를 구입해 농지연금을 활용할 수 있다는 점도 주목된다. 현재는 도시에서 생업에 종사하지만 은퇴 이후 귀농, 귀촌을 준비하는 사람이라면 저렴한 농지를 구입한 후 농지은행(한국농어촌공사)에 위탁하다가 은퇴 후 본인이 직접 영농생활 경력을 쌓은 후 농지연금에 가입하면 된다. 농지법상 1,000㎡ 미만의 농지는 도시인이라도 주말체험농장 목적이라면 취득이 가능하다. 65세 이후 영농경력 5년을 증명하면 주말체험농장용 농지 대상으로도 농지연금 신청이 가능하다.

아직 늦지 않았다

　퇴직 후 가장 당황스러운 점은 수중에 돈이 없다는 것이다. 내가 그동안 뭘 했을까 자책해 보지만 또 생각해 보면 쓸데 다 썼고 성실하게 일한 기억밖에 없다. 은퇴준비 못한 데는 다 이유가 있지만, 후회는 이쯤에서 접고 나의 능력과 자산을 이용해 최대한 현금흐름을 만들 수 있는 방법을 강구해야 한다. 생각해 보면 의외로 내가 갖고 있는 것이 적지 않다는 것을 깨달을 수 있다. 퇴직 이후에 준비를 시작하려면 당황은 하겠지만 늦지 않을 수 있다. 그래도 웬만하면 퇴직 몇 년 전부터 내 주머니까지 탈탈 털어 노후생활을 할 만한 가용금액이 얼마나 되는지 정확히 가늠해 보는 것이 좋다. 구체적인 진단이 있어야 현실적인 실행이 나온다.

노후자산 인출전략

노후자산, 얼마나 필요할까?

사용할 노후생활비를 정하기에 앞서 노후자산이 얼마나 필요한지, 나이가 들면서 노후생활비에 어떠한 변화가 생기는지에 대한 이해가 필요하다. 보통 필요한 노후자산을 산출할 때 사망시점까지 동일 수준의 소비를 가정하는 경우가 많다. 그러나 사람이 나이가 들면 활동성이 감소하고, 이에 따라 생활비 역시 감소한다. 나이에 따른 소비변화를 감안하면 필요한 노후자

나이에 따른 소비변화

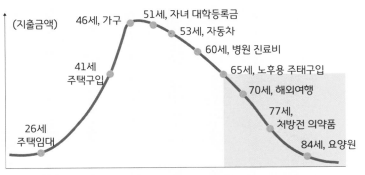

(지출금액)

46세, 가구

51세, 자녀 대학등록금

53세, 자동차

60세, 병원 진료비

65세, 노후용 주태구입

70세, 해외여행

77세, 처방전 의약품

84세, 요양원

41세 주택구입

26세 주택임대

20 25 30 35 40 45 50 55 60 65 70 75 80 85 90

자료: 덴트연구소

산 규모는 기존의 절반 수준으로 줄어들게 된다.

여기서 노후설계를 할 때 고려할 대표적인 요소가 있다. 하나는 예상보다 오래 살게 될 '장수 리스크'이고, 다른 하나는 물가상승에 따라 화폐가치가 하락하는 '구매력 리스크'이다.

노후설계 시 고려요소, 장수 리스크와 구매력 리스크

평균수명 추이를 보면 매년 0.2~0.5년 정도씩 꾸준히 증가하고 있다. 이러한 증가추세를 감안하면 남은 여명의 3분 1 정도는 더 오래 살 수 있을 것으로 추정된다.(예: 2017년 50세 남자수명 91세, 50세 여자수명 98세 정도) 따라서 노후설계를 할 때 수명에 따른 노후생활기간을 여유있게 잡는 것이 합리적이다.

소비자물가 추이

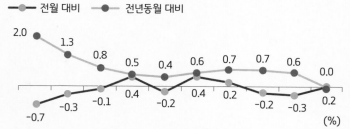

자료: 소비자물가조사(통계청)

장기간 지속되는 노후기간 동안 화폐가치 변동으로 인한 구매력 리스크도 노후설계에서 중요한 고려사항이다. 물가상승에 따라 화폐가치가 하락하면서 구매력이 감소되는 경우가 일반적이다. 다만, 경제성장기에는 물가상승률이 높은 편이지만 최근과 같은 저성장 기조에서는 물가상승률도 줄어들게 된다. 따라서 물가상승률 수준의 투자수익을 목표로 하는 합리적 투자를 하면 노후자산 가치를 유지하면서 사용하는 데 큰 문제는 없을 것으로 보인다.

장수리스크를 대비하는 종신연금

수명이 늘어나는 추세를 감안하면 사망할 때까지 연금을 지급하는 종신연금이 가장 좋은 대응방안이다. 종신연금으로 가장 대표적인 것은 국민연금으로, 본인 사망 시 배우자 등(상속인)에게 유족연금도 지급된다.

사적연금으로는 종신연금이 있는데 생명보험사를 통해서만 가입할 수 있으며, 기존에 가입된 종신연금이 없다면 노후자산의 일정 부분을 즉시(종신)연금으로 연금화하는 방법도 있다. 종신연금은 아니지만 주택연금도 가입자 부부 사망 시까지를 지급요건으로 선택한다면 종신연금 역할을 할 수 있다.

노후자산 인출전략 ① 균등형

가장 일반적인 형태로 동일한 금액 수준을 받도록 연금을 설계
하자. 국민연금으로 기본적인 생활비를 충당하고 부족하면 종
신연금을 활용한다. 물가상승에 대한 부담은 물가와 연동되는
국민연금과 나이에 따른 소비감소분으로 상쇄될 수 있다. 주된
직장에서 은퇴 후 국민연금 수령개시 시점까지 발생하는 소득
공백기는 퇴직연금 등으로 보완해야 한다. 또한 노후자산의 일
정 부분은 예비용 자산으로 운용하면서 자녀결혼 등 생애 이벤
트에도 대비해야 한다.

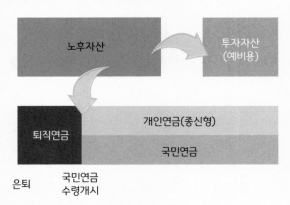

노후자산 인출전략 - 균등형 사례

자료: 100세시대연구소

노후자산 인출전략 ② 체증형

장래 물가상승이나 예상보다 오래 살게 되는 경우가 걱정된다
면 초기에 적게 쓰고 일정 기간이 경과함에 따라 금액을 늘려
가는 체증형을 활용하자.

국민연금을 받으면서 일정시점(60세, 65세, 70세 등)이 될 때마
다 새로운 연금수령이 개시되도록 설계하는 것이다. 과거와 같
은 고속성장기를 기대하기 힘든 경제환경이므로 물가상승에
대한 부담을 너무 크게 가질 필요는 없다. 그러나 현재와 같은
저금리 상황에서는 실효성이 다소 떨어진다. 연금저축 등은 늦
게 받을수록 절세 측면에서 유리하기 때문이다.

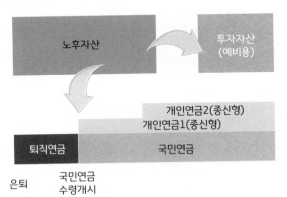

노후자산 인출전략 - 체증형 사례

자료: 100세시대연구소

노후자산 인출전략 ③ 체감형

다른 시기들에 비해 상대적으로 활동성이 높은 은퇴 직후에 많은 금액을 사용하고 나이 들어감에 따라 소비규모를 줄이는 체감형이 있다. 생애주기적 측면에서 가장 적합한 형태이다.

퇴직연금이나 개인연금 등의 사적연금을 노후생활 전반기(60~80세)에 최대한 활용하고 노후생활 후반기(80세 이후)에는 국민연금 수준에서 소비를 한다. 노후생활 초기에 많은 금액을 사용하기 때문에 조기소진에 대한 우려가 있으므로 이 방법을 활용하기 위해서는 노후자산을 여유있게 준비하는 것이 좋다.

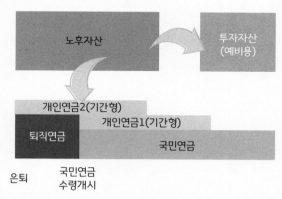

노후자산 인출전략 - 체감형 사례

자료: 100세시대연구소

연금을 디자인하다

앞선 전략과 사례들은 대표적인 유형일 뿐이다. 개인마다 가진 노후자산 규모나 종류가 모두 다르기 때문에 자기 상황에 맞는 연금디자인을 찾는 과정이 필요하다. 자신이 희망하는 노후생활비와 준비된 노후자산의 4% 룰 등을 함께 고려해 연금액을 설정하면 안정적인 노후생활비 조달이 가능하다. 단, 은퇴 이후라고 해서 너무 보수적으로 노후자산을 운용하지 말고 길어진 인생을 감안해 시중금리 대비 조금 더 높은 수익률을 추구할 필요가 있다.

자신이 만든 여인상을 너무 사랑한 나머지 사람으로 변해 결혼했다는 그리스 신화에서 유래한 '피그말리온 효과'는 기대

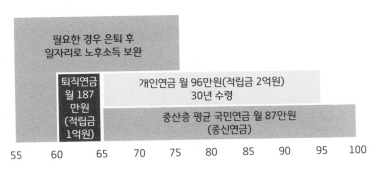

연금디자인 사례 (투자수익률 연 4% 가정)

자료: 100세시대연구소

나 관심만으로 결과가 좋아지는 현상을 의미한다. 고령화, 저성장, 노인빈곤 등 오래 산다고 해서 무조건 좋게만 받아들여지지 않는 현실에 살고 있다. 그러나 부정적인 측면만 바라보지 말고 길어지는 인생을 어떻게 하면 더 즐겁게 살아볼까 하는 긍정적인 자세로 계획하고 실천한다면 행복한 100세 시대는 누구에게나 쉽게 다가갈 수 있는 현실로 바뀔 것이다.

100세 시대를 신박하게 살아가는 36가지 방법

- ☑ 이젠 70세도 청년, 마음부터 젊어지자!
- ☑ 아는 만큼 풍요롭다. 금융지식, 계속 공부하라!
- ☑ 은퇴 전 노후설계는 필수
- ☑ 노후준비의 기본, 3층 연금을 갖추자
- ☑ 인컴소득을 위한 인컴형 자산에 투자하자
- ☑ 절세형 금융상품을 최대한 찾아내라
- ☑ 사교육 등 자녀지원에 무리하지 말자
- ☑ 소득공백기를 위한 대비책, 준비 돼 있나요?
- ☑ 국민연금도 맞벌이시대, 부부 함께 가입하자
- ☑ 점진적 은퇴로 경제활동을 최대한 지속하자
- ☑ 국민연금 가입기간은 최대한 길게~
- ☑ 퇴직연금도 노후자산, 중간에 깨먹지 말자
- ☑ 투자는 장기적 관점으로 접근할 것
- ☑ 퇴직연금은 반드시 연금으로 수령할 것
- ☑ 연금저축의 절세혜택, 모두 챙기고 있나요?
- ☑ 자산관리의 출발은 소비통제, 지출을 관리하자
- ☑ 연금 등 노후자산도 적극적으로 관리하자

- ☑ 실적배당형 상품 비중을 늘리자
- ☑ 은퇴 후 직업을 위한 자기계발 병행하자
- ☑ 변동성을 낮추기 위한 분산투자는 필수!
- ☑ 자산증식을 위해 적극적으로 자산을 관리하라
- ☑ 필요 이상의 부채 요주의!
- ☑ 노후자산이 부족하면 주택(농지)연금을 활용하자
- ☑ 일과 여가의 균형으로 삶의 만족도를 높이자
- ☑ 배우자와 다양한 주제로 자주 소통하자
- ☑ 자녀와 가치관 차이를 인정하라
- ☑ 부모님께 자주 연락드려 정신적 후원자가 되자
- ☑ 특별한 일 없어도 형제, 친척에게 먼저 연락하자
- ☑ 은퇴 후를 위한 인적 네트워크 관리하자
- ☑ 진지한 여가(취미, 봉사활동 등)를 시작하자
- ☑ 운동은 필수, 건강수명 늘리자
- ☑ 은퇴 후에도 자산관리는 계속된다
- ☑ 시니어도 디지털에 익숙해지자
- ☑ 일에 대한 생각의 변화, 눈높이를 낮춰라!
- ☑ 연금저축은 가능한 일찍 가입하자
- ☑ 글로벌 시대, 해외투자상품도 활용하자

100세 시대를 신박하게 살아가는 36가지 방법

초판 1쇄 펴낸날 2020년 11월 10일 ‖ 초판 2쇄 펴낸날 2020년 11월 30일

지은이 NH투자증권 100세시대연구소 ‖ 펴낸곳 굿인포메이션(스쿨존)

펴낸이 정혜옥 ‖ 편집 연유나, 이은정 ‖ 영업 최문섭

출판등록 1999년 9월 1일 제1-2411호

사무실 04779 서울시 성동구 뚝섬로 1나길 5(헤이그라운드) 7층

사서함 06779 서울시 서초구 동산로 19 서울 서초우체국 5호

전화 02)929-8153 ‖ 팩스 02)929-8164 ‖ E-mail goodinfozuzu@hanmail.net

ISBN 979-11-967290-8-0 03300

굿인포메이션(스쿨존)은 당신의 소중한 투고 원고를 기다립니다. 책 출간에 대한 기획이나
원고가 있으신 분은 이메일 goodinfozuzu@hanmail.net으로 보내주세요.